高等院校人文素养教育"十三五"规划教材

人文素养名篇导读

主　编　吕桂兰　张　虹
副主编　李　杰　贾红国
主　审　刘宝成　桑金歌

中国铁道出版社有限公司
CHINA RAILWAY PUBLISHING HOUSE CO., LTD.

内 容 简 介

　　本书共分九个单元，其中第九单元为自读单元。第一单元重在呈现目前大学生人文素养现状，以引发对大学生人文教育的关注；第二单元旨在引领大学生思考上大学求学的目的以及了解大学的功能；第三单元从哲学的层面探讨人的特质、人生的意义和境界；第四单元重点探讨人与他人、人与社会、人与国家的关系；第五单元着重探讨人类与自然和谐共生的关系；第六单元和第七单元从情感层面探讨友情和爱情；第八单元主要从处理人与自我的关系角度探讨独立人格的建立；第九单元则主要侧重于对目前大学生存在的一些具体问题给予相应的指引。

　　本书适合作为高等院校"人文素养"方向课程教材，也可供普通读者提高人文素养使用。

图书在版编目（CIP）数据

人文素养名篇导读 / 吕桂兰，张虹主编 . — 北京 ：
中国铁道出版社，2016.8（2019.8重印）
高等院校人文素养教育"十三五"规划教材
ISBN 978-7-113-22075-4

Ⅰ . ①人… Ⅱ . ①吕… ②张… Ⅲ . ①人文素质教育
—高等学校—教材 Ⅳ . ① G40-012
中国版本图书馆 CIP 数据核字（2016）第 177726 号

书　　　名：人文素养名篇导读
作　　　者：吕桂兰　张虹　主编

策　　划：魏　娜　周海燕　　　　　　　　读者热线：010-63550836
责任编辑：周海燕
封面设计：一克米工作室
封面制作：白　雪
责任校对：汤淑梅
责任印制：郭向伟

出版发行：中国铁道出版社有限公司（100054，北京市西城区右安门西街 8 号）
网　　址：http://www.tdpress.com/51eds/
印　　刷：北京铭成印刷有限公司
版　　次：2016 年 8 月第 1 版　　　　2019 年 8 月第 6 次印刷
开　　本：787 mm×1092 mm　1/16　印张：9　字数：204 千
书　　号：ISBN 978-7-113-22075-4
定　　价：38.00 元

高等院校人文素养教育"十三五"规划教材

编审委员会

主　　任：霍献育

副 主 任：刘宝成　　张　虹

郑振峰　　桑金歌

委　　员：（按姓氏笔画排序）

李　杰　　李　萍　　吕桂兰

吴玉亮　　邵文恰　　贾红国

翟广瀛

作为造化神工，我们存在于这个世界，并绵延繁衍，与日月同辉；作为自然的高级形式，我们背负着喜怒哀乐爱恶欲，行走在天地万物间，寻求着幸福和生存的价值。

身处滚滚红尘，面对诸多诱惑，我们经常困惑、烦恼，甚至痛苦；世界在飞速前行，我们被裹挟其中，来不及思索，来不及选择，我们的心灵常常失衡而不知所措。什么是幸福？什么是成功？什么样的人生是有价值的人生？

先辈、前辈和同辈中有不少楷模，为我们树立起精神的支柱，究其核心，那就是一种人之所以为人的精神，即人文精神。

作为人，我们需要认知"人"，认知自我，认知他人，认知自然，认知社会，认知人之于自己和之于他人以及之于外物的关系，只有这样，我们才能找到自己的定位，才能更好地自处与他处。

生与死、宇宙与人生、历史与现实、传统与变革、科学与人文、物质与精神、个人与集体、道德与审美……这些问题一直困扰着我们又迫使我们不断思考求索。

人和其他动物不同，做人需要学习。如何成为一个和谐的人？如何成为"大写"的人？如何成为快乐幸福的人？如何成为有价值有意义的人？亲情、爱情、友情，爱国、爱同胞、爱自己，爱自然、爱科学、爱真理，向真、向善、向美……这些是我们立足于世的根基，也是我们生活的坐标。

市场经济的大潮，冲击着我们传统的价值观，有人迷失在利益的追逐中。物质生活富裕之后，许多人发现我们并没有感到更加幸福。家庭教育、学校教育、社会教育，如果忽视了人的精神世界和心灵世界，就会使许多大学生迷失自我，除了金钱与物质、功名，看不到人生还有其他意义，找不到人生奋斗的动力。

经济要发展，社会要进步，民族要强盛，国家要富强，个人要幸福，面对那些灵魂流浪、精神家园失守的青年大学生，加强人文素养的培养，是当务之急！

基于以上宗旨，我们编写了本书。

本书主要从什么是人文素养以及目前青年大学生的人文素养现状、大学的功能及大学生的求学内容、人的本质属性及思想境界、人与他人以及与社会乃至自然的关系、情感生活中的友情爱情认知、独立人格的构建、学会智慧生活等几个方面选文，按单元进行集中，便于逻辑清晰地自学或组织教学。

本书由沧州职业技术学院吕桂兰、张虹两位教授任主编，确定编写思路、体例架构、遴选篇目，并完成统稿、定稿工作；李杰、贾红国任副主编；刘宝成、桑金歌任主审；刘秀娟、邵文恰参加了本书的编写。在本书编写过程中，对外经贸大学刘宝成教授给予了大力支持和帮助，在此特表感谢！

水平所限，疏漏难免，敬请各位同仁、专家给予批评指正！

编　者

2016年6月12日

目录

第九单元　学会智慧生活——自知·自励（文摘·书摘）

第一单元

人文素养是立身之本

学习要点：

　　了解人文素养内涵；

　　了解素养和知识的关系；

　　了解目前青年学生人文素养方面存在的问题；

　　分析提升人文素养的途径。

导　语

　　所谓人文素养，是指作为人应具备的符合人文精神的思维和行为习惯。人文精神是一种意识、观念、态度、主张或宗旨，它强调人的价值的重要性，强调人的精神追求或心灵追求（包括情感追求、审美追求、道德追求、认知追求与创造追求），即人对真善美的追求；是人与动物的根本区别，是人之所以为人而不是动物的本质，它是任何一个精神健康的人安身立命的生活之根。

　　人文精神的主旨在于人不被自己的创造物所束缚（不拜神，不拜物），而是运用这些创造物去为人的精神生活或心灵生活（情感生活、审美生活和道德生活）服务，运用这些创造物去进行新的创造，让这种自强不息的精神永远发扬下去。只有这样，才真正是更加符合人性，更加符合人的本质。

　　"人文"一词，在汉语里与"天文"相对，是指区别于自然现象及其规律的"人与社会"的事务，其核心是贯穿在人们的思维与言行中的信仰、理想、思维方式、价值取向、人格模式、审美情趣。古人云："刚柔交错，天文也；文明以止，人文也。观乎天文以察时变，观乎人文以化成天下。"现在很多中国学者把中国传统文化的基本特征概括为一种人文精神，在这个意义上的人文精神，实质上就是主张通过诗、书、礼、乐等来塑造符合道德理想的人。我们理解的人文精神，表现为对人的尊严、价值、命运的维护、追求和关切，对全面发展的理想人格的肯定和塑造。

　　在西文中，"人文精神"一词是"humanism"，通常译作人文主义、人本主义、人道主义。狭义是指文艺复兴时期的一种思潮，其核心思想为：第一，关心人，以人为本，重视人的价值，反对神学对人性的压抑；第二，张扬人的理性，反对神学对理性的贬低；第三，主张灵魂、肉体和谐、立足于尘世生活的超越性精神追求，反对神学的灵魂、肉体对立，反对用天国生活否定尘世生活。广义则指欧洲始于古希腊的一种文化传统。周国平据此把人文精神的基本内涵确定为三个层次：第一，人性，对人的幸福和尊严的追求，是广义的人道主义精神；第二，理性，对真理的追求，是广义的科学精神；第三，超越性，对生活意义的追求。简单地说，就是关心人，尤其是关心人的精神生活；尊重人的价值，尤其是尊重人作为精神存在的价值。人文精神的基本含义就是：尊重人的价值，尊重精神的价值。[《人文精神的哲学思考》，周国平教授在国家行政学院的讲演（2007年4日）]

科学精神要求实事求是地探索自然界的本来面目，不以主观愿望和价值选择为转移。人文精神强调以人为本，肯定人的价值，崇尚人格理想和道德。科学精神重在求真，人文精神重在求善，两者的关系应是既对立又统一的。

而在今天的中国，和中国社会的经济建设相比，中国社会人文精神及其教育的发展是滞后的。自然科学的学科分化和扩张，使人文学科的领地日渐狭窄；教育思想方面，科学教育、专业教育、技术教育压倒了人文教育；学问普遍的科学化和功利化倾向，导致了人文学科的地位进一步下降；重视培养专业人才的教育体制，人为地造成了科学和人文之间的疏远和隔绝。而人类从事科学的目的，归根到底是为了人。总之，以自然为对象的科学精神和以人为本的人文精神，都是人类不可或缺的。

名画欣赏

达·芬奇——《蒙娜丽莎》

西欧的中世纪，基督教教会成了当时封建社会的精神支柱，它建立了一套严格的等级制度，把上帝当做绝对的权威。文学、艺术、哲学一切都得遵照基督教的经典——《圣经》的教义，谁都不可违背，否则，宗教法庭就要对他制裁，甚至处以死刑。中世纪的后期，资本主义萌芽于欧洲的意大利首先出现。资本主义的萌芽是商品经济发展到一定阶段的产物，商品经济是通过市场来运转的，而市场上择优选购、讨价还价、成交签约，都是斟酌思量之后的自愿行为，这就是自由的体现，而自由的前提就是人的自由。在14世纪城市经济繁荣的意大利，最先出现了对基督教文化的反抗。当时意大利的市民和世俗知识分子，一方面极度厌恶基督教的神权地位及其虚伪的禁欲主义，另一方面又没有成熟的文化体系取代基督教文化，于是他们借助复兴古代希腊、罗马文化的形式来表达自己的文化主张，这就是所谓的"文艺复兴"。

《蒙娜丽莎》是意大利著名画家达·芬奇在1503年到1507年间创作的，它代表达·芬奇的最高艺术成就。画中人眼角与嘴角，线条上界线模糊处理，成就"蒙娜丽莎的微笑"的千古奇韵。在冲破了中世纪基督教禁欲主义影响的文艺复兴时代，绘画艺术告别了呆板与僵硬，笑容重回人间。《蒙娜丽莎》成为画家可以放开手脚倾心颂扬真善美的象征，成为西欧人结束了漫长中世纪痛苦生活的标志。

文 选

写在前面的话

马小平

马小平，1956年出生于湖南湘潭，2012年在深圳辞世。历任湘潭一中、东莞中学、深圳中学的语文老师。从事于中国高中语文的教育工作和教学研究，提倡人文教育，致力于"在应试教育的大框架里把人文教育的理念实现出来"，"最具世界眼光"，"可以称得上是教育家的人"（钱理群）。编著《人文素养读本》（后更名为《叩响命运的门》），专著《追寻意义——一个普通教师思考和言说的个案》，主编《情感与智慧参与的语文教学》。

这些年来我一直在思索着这样几个问题：

什么是当代大学生最缺乏的？

为什么有些学生成绩那么好，而思想境界却是那样低呢？

几个事实让我感到震惊：

1991年获得爱荷华大学太空物理博士学位的卢某在获得了博士学位后，仅仅因为成绩比同学稍低一点，便开枪打死导师和同学；

清华大学刘某拎着一瓶硫酸到动物园，将硫酸泼向一头狗熊，造成这只狗熊全面烧伤。问其原因，只是因为好奇；

云南大学马某因不满同学平日里欺负他，便将同宿舍的几位同学杀死。

这些人缺乏知识吗？不，他们都是接受了高等教育的天之骄子，甚至是掌握世界级尖端科技的精英人才。他们的日常生活和交往也并没有多大问题，但他们在一个重要的地方出了问题。他们有知识，却没有是非判断能力；他们有技术，却没有良知。有人说他们有心理疾患或障碍。但从医学角度讲，他们也没有。他们有的是另一种病：人类文明缺乏症，人文素质缺乏症，公民素养缺乏症。

这是一个很可怕的病，并且以很可怕的规模扩散着。如若现在不立即加以制止，人类的前途是十分危险的。

英国著名学者汤因比曾提出过"与灾难赛跑的教育"。即要赶在灾难尚未毁灭人类之前，把能够应对这种灾难的一代新人给培养出来。这是一个很紧迫的问题。

一位教育家说，我们留什么样的世界给后代，关键取决于我们留什么样的后代给世界。

有不少大学教授、专家在呼唤，要加强对大学生的人文素养的教育。他们说，大学生是一国之精英，有理由首先具有现代人文素养。如果连大学生都不具备人文素养，那我们离现代社会就实在太遥远了。

【阅读提示】

什么是我们大学生应追求的,什么是我们生活中所欠缺的?我们要成为什么样的人?我们的教育到底要培养什么样的人?我们要留什么样的后代给世界?我们培养的接班人是怎样的一个群体?马某曾反思自己因为没有理想而活得很失败,那些所谓成功者呢?北京大学钱理群教授曾说:我曾经从北大这样的重点大学的教育,反观为北大输送人才的重点中学教育,有一个让我出一身冷汗的发现:我们正在培养"绝对的,精致的利己主义者","所谓'绝对',是指一己的利益成为他们一切言行的唯一驱动力,为他人、社会所做的一切,都是一种'投资';所谓'精致',是指他们有很高的智商、教养,所做的一切在表面上都合理、合法,无可挑剔;同时,他们又惊人的'世故老成',经常作出'忠诚'的姿态,很懂得配合、表演,最善于利用体制的力量,最大限度地获取自己的利益,成为既得利益集团的成员,因此,他们要成为接班人,也是顺理成章的"。特别值得注意和警惕的,是他们讲起"人文精神"也是头头是道,但这对他们来说,不过是炫耀的知识。……这些"高能人精"的灵魂,已经被"权欲"和"利欲"所浸透,知识(包括人文知识)都成为他们获取权力和利益的工具和手段。而我们现行的人才培养、评价、选拔机制,是极容易,并且已经源源不断地将这样的懂得配合和表演的"尖子"选作接班人了。这是真正要危害社会,影响国家、民族的未来的。(《一项"和灾难赛跑的教育"工程》——马小平编著《人文素养读本》序 钱理群)

"他们有知识,却没有是非判断能力;他们有技术,却没有良知。"那知识和能力以及素养之间是什么关系?我们学习人文学科知识,我们的人文素养会不会得到提升?可以肯定地说,人文知识不是人文素养,知识是外在于人的东西,是"知道";当知识内化为人的思想、观念、精神,从而渗透到他的生活与行为,形成一种思维和行为习惯,即做到"知行合一",才能称之为素养。

而假如没有正确的价值观的引领,知识则会沦落为获取权力和利益,满足其欲望的工具。人文素养必然表现在对于人的关怀,否则,追逐名利、拜金拜物,尽管饱览诗书,通晓文、史、哲学,也只能是拥有人文知识,不能有人文素养。

素养和知识是两个不同的概念,二者之间不是必然的正相关关系,但是知识在正确价值观的引领下可以转化为素养——知识进入认知本体,渗透到生活与行为,便可化为素养——从此意义上,素养,便是"知行合一"。

一个人没有知识可以被宽容,没有良知不可以被宽容;一个人在知识的试卷上可以犯错,但是在人生考场上的良知判断、是非判断、善恶美丑判断出了问题,将会全盘皆输。所以,比事实判断更重要的是价值判断。

知识,向外转化,可以转化为做事的才干——能力;向内转化,可以转化为人的品质、习惯——素养。知识就是力量,但良知才是方向。

【讨论思考】

1.什么是"人文素养"?知识和素养的含义各是什么?

2.知识越多素养越高吗?为什么?

3.你觉得当代大学生缺乏人文素养吗?举例阐释你的观点。

论教育之宗旨

王国维

王国维（1877—1927），初名国桢，字静安，亦字伯隅，初号礼堂，晚号观堂，又号永观，谥忠悫。浙江省海宁人。王国维是中国近、现代相交时期一位享有国际声誉的著名学者。

王国维早年追求新学，接受资产阶级改良主义思想的影响，把西方哲学、美学思想与中国古典哲学、美学相融合，研究哲学与美学，形成了独特的美学思想体系，在教育、哲学、文学、戏曲、美学、史学、古文学等方面均有深诣和创新，为中华民族文化宝库留下了广博精深的学术遗产。

教育之宗旨何在？在使人为完全之人物而已。何谓完全之人物？谓人之能力无不发达且调和是也。人之能力分为内外二者：一曰身体之能力，一曰精神之能力。发达其身体而萎缩其精神，或发达其精神而罢敝其身体，皆非所谓完全者也。完全之人物，精神与身体必不可不为调和之发达。而精神之中又分为三部：知力、感情及意志是也。对此三者而有真美善之理想："真"者知力之理想，"美"者感情之理想，"善"者意志之理想也。完全之人物不可不备真美善之三德，欲达此理想，于是教育之事起。教育之事亦分为三部：智育、德育（即意育）、美育（即情育）是也。如佛教之一派，及希腊罗马之斯多噶派，抑压人之感情而使其能力专发达于意志之方面；又如近世斯宾塞尔之专重智育，虽非不切中一时之利弊，皆非完全之教育也。完全之教育，不可不备此三者，今试言其大略。

一、智育。人苟欲为完全之人物，不可无内界及外界之知识，而知识之程度之广狭，应时地不同。古代之知识至近代而觉其不足，闭关自守时之知识，至万国交通时而觉其不足。故居今之世者，不可无今世之知识。知识又分为理论与实际二种；溯其发达之次序，则实际之知识常先于理论之知识，然理论之知识发达后，又为实际之知识之根本也。一科学，如数学、物理学、化学、博物学等，皆所谓理论之知识。至应用物理、化学于农工学，应用生理学于医学，应用数学于测绘等，谓之实际之知识。理论之知识乃人人天性上所要求者，实际之知识则所以供社会之要求，而维持一生之生活。故知识之教育，实必不可缺者也。

二、德育。然有知识而无道德，则无以得一生之福祉，而保社会之安宁，未得为完全之人物也。夫人之生也，为动作也，非为知识也。古今中外之哲人无不以道德为重于知识者，故古今中外之教育无不以道德为中心点。盖人人至高之要求，在于福祉，而道德与福祉实有不可离之关系。爱人者人恒爱之；敬人者人恒敬之。不爱敬人者反是。如影之随形，响之随声，其效不可得而诬也。《书》云："惠迪，吉；从逆，凶。"希腊古贤所唱福德合一论，固无古今中外之公理也。而道德之本原又由内界出而非外铄我者。张皇而发挥之，此又教育之任也。

三、美育。德育与智育之必要，人人知之，至于美育有不得不一言者。盖人心之动，无不束缚于一己之利害；独美之为物，使人忘一己之利害而入高尚纯洁之域，此最纯粹之快乐也。孔子言志，独与曾点；又谓"兴于诗"，"成于乐"。希腊古代之以音乐为普通学之一科，及近世希痕林、希尔列尔等之重美育学，实非偶然也。要之，美育者一面使人之感情发达，以达完美之域；一面又为德育与智育之手段，此又教育者所不可不留意也。然人心之知情意三者，非各自独立，而互相交错者。如人为一事时，知其当为者"知"也，欲为之者

"意"也，而当其为之前（后）又有苦乐之"情"伴之：此三者不可分离而论之也。故教育之时，亦不能加以区别。有一科而兼德育智育者，有一科而兼美育德育者，又有一科而兼此三者。三者并行而得渐达真善美之理想，又加以身体之训练，斯得为完全之人物，而教育之能事毕矣。（原载《教育世界》56号 1903年8月）

【阅读提示】

作者认为教育的宗旨在于让人成为"完全之人物"，即在身体能力和精神能力两方面达到和谐，尤其重要的，是精神能力上，在知情意三方面合乎理想化标准。否则，作为人就是残缺的。

纵观今天，无论是我们的家庭教育、学校教育，还是社会教育，基于功利关注的多是知识，忽视的是德育和美育。因此，培养出来的，往往是心灵残疾的人。面对这样的现实，我们需要反思。

案例讨论

阅读北京青年报记者对马某的访谈，讨论马某人生悲剧的原因有哪些？最核心的原因是什么？当前大学生群体存在的主要问题有哪些？

6月15日下午，距离马某被执行死刑不足48小时，在云南省昆明市第一看守所中，北京青年报记者崔丽对他进行了独家专访。

……

记：你知道李开复吗？微软全球副总裁，李开复对你有过评价："他不应该是一个邪恶的人，而是一个迷失方向、缺乏自信、性格封闭的孩子。他和很多大学生一样，迫切希望知道如何才能获得成功、自信和快乐。"这也是你的追求吗？

马：（脱口而出）不是我追求的。所谓追求，是还没有达到的。我认为自己挺自信，不能说追求自信。至于成功，我平时对未来看得挺开的，找工作的事情从不担心。快乐嘛，这有什么，平时也蛮高兴的。

记：你理解的成功的标志是什么？

马：说不上来，反正也不比别人差。（又想了想）你这样一问，我也觉得自己不怎么成功，没什么特别的。自卑？是某些方面不如人，才会自卑。我没有什么方面特别不如人意，只能算是个普通人。不是成功，也不算是失败嘛，这在于一个人的心态。你认为满足就满足，我认为自己平时挺满足的。

记：事情的发生，改变了你的这些想法？

马：（立刻有些消沉）肯定改变了，是失败了。我觉得没有理想是最大的失败。这几年没什么追求，就是很失败。

记：这个问题可能很大，但每个人必须给出自己的答案，活着才能有意义。你觉得人生的意义和价值是什么？

马：（抬起头看着记者）活着的价值为自己是有的，但应该更多的是为别人。以前没去想过这些问题，现在意识到了。

记：你有偶像吗？你崇拜什么人？

马：（笑）你指周星驰？不是。说崇拜的没有，我比较喜欢的是金庸《射雕英雄传》里的郭靖。

记：喜欢他什么？

马：有民族正义感，老实诚实。最重要的是他的锲而不舍。他练功笨，为证明自己行，就不停地练。我缺少他那份锲而不舍的精神。我平时比较懒。

记：为什么上了大学，有了知识、能力来实现理想时，理想却没了？

马：（晃腿，镣铐声响）不知道。理想这个词，可能在初中就消失了。理想很重要，后来不知道为什么，我成为没什么理想的人了。

记：你想过大学生也应该承担一定的社会责任和义务吗？

马：这个问题以前没想过，来看守所后，经常想。我觉得很多大学生的生活是失败的。平时，我与周围的人，浑浑噩噩过日子。学习不怎么努力，也没有想过为社会国家做什么贡献。想到的、关心的都只是自己的那点心事。我现在觉得一些大学生应该感到惭愧。毕竟，政府在每一个学生身上的投入都是很大的。但是，我觉得很多大学生根本没有意识到这一点，做贡献、奉献想得少，想到的都只是自己。以前不觉得，现在回想起来，在大学，很多学生没有什么更高的追求。甚至有些人考研，也不是为了什么学术上的贡献，只是为了讨一份生活。

记：如果把大学生与有社会责任、承担义务、乐于奉献相联系，你觉得这会显得挺高尚吗？

马：（果断地）不是高尚。我觉得这很实在。我觉得这样的话，一个人会非常充实。不能用高尚来形容，只能说是信念。有信念的人活着才会快乐。像我以前在大学时，如果找工作不算一种追求的话，就没什么追求了。以前嘻嘻哈哈的不觉得，现在回想起来很失败。

记：胸无大志的人，会很容易陷入琐碎小事之中，斤斤计较。马：你说得很对。一般人不会在乎这种小事。我是一个不可饶恕的人。

……

记：如果时间可以倒转，如果人生有重来的机会，你希望自己成为什么样的人？

马：（想了许久）希望自己成为一个献身科学的人，专门搞学问。希望不要那么冲动，有什么心事可以向别人说说。

记：你还想对同龄的大学生们说些什么吗？

马：大学生不是"天之骄子"。以前我认为是。现在很多大学生不配"天之骄子"的称呼。确实，他们可能比平民百姓知识水平高。但他们还有更多更大的空间没有抓住，没有去珍惜。希望每个人都过得充实一点，有所追求。

▌拓展阅读▐

科学与人生

钱　穆

钱穆（1895—1990），江苏无锡人，字宾四，中国现代著名历史学家、思想家、教育家，台北"中央研究院"院士，台北"故宫博物院"特聘研究员。与吕思勉、陈垣、陈寅恪并称为"史学四大家"。

科学头脑，冷静，纯理智的求真，这是现代一般知识分子惯叫的口头禅。然而整个世界根本上就不是冷静的，又不是纯理智的。整个人生亦不是冷静的，亦不是纯理智的。若说科学只是冷静与纯理智，则整个世界以及整个人生就根本不是科学的。试问你用科学的头脑，冷静，纯理智的姿态，如何能把握到这整个世界以及整个人生之真相。

张目而视，倾耳而听，如何是真的色，如何是真的声。视听根本便是一个动，根本便带有热的血，根本便掺杂有一番情绪，一番欲望。不经过你的耳听目视，何处来有真的声和真的色。因此所谓真的声和真的色，实际都已掺进了人的热的血，莫不附带着人之情和欲。科学根本应该也是人生的，科学真理不能逃出人生真理之外。若把人生的热和血冷静下来，把人生的情和欲洗净了，消散了，来探求所谓科学真理，那些科学真理对人生有好处，至少也得有坏处，有利也须有弊。

人体解剖，据说是科学家寻求对于人体知识所必要的手续。然而人体是血和肉组成的一架活机构，血冷下了，肉割除了，活的机构变成了死的，只在尸体上去寻求对于活人的知识，试问此种知识真乎不真?面对着一个活泼泼的生人，决不能让你头脑冷静，决不能让你纯理智。当你走进解剖室，在你面前的，是赫然的一个尸体，你那时头脑是冷静了，你在纯理智地对待他。但你莫忘却，人生不是行尸走肉。家庭乃至任何团体，人生的场合，不是尸体陈列所。若你真要把走进解剖室的那一种头脑和心情来走进你的家庭和任何人群团体，你将永不得人生之真相。从人体解剖得来的一番知识，或许对某几种生理病态有用，但病态不就是生机。你那种走进人体解剖室的训练和习惯，却对整个人生，活泼泼的人生应用不上。

先把活的当死的看，待你看惯了死的，回头再来看活的，这里面有许多危险，你该慎防。解剖术在中国医学史上，也曾屡次应用过，但屡次遭人非难，据说在西方历史上亦然。这并不是说解剖死人的尸体，得不到对活人的身体上之某几部分的知识。大抵在反对者的心里，只怕养成了你把活人当死人看的那种心理习惯。那就是冷静，纯理智和科学头脑。反对者的借口，总说是不人道。不错，冷静，纯理智，便是不人道。人道是热和血之动，是情与欲之交流，哪能冷静，哪能纯理智。若科学非得冷静与纯理智，那科学便是不人道。把不人道的科学所得来的知识，应用到人生方面，这一层不得不格外留神。

科学家所要求的，在自己要头脑冷静，要纯理智，在外面又要一个特定的场合，要事态单纯而能无穷反复。那样才好让他来求真。但整个世界，整个人生，根本就不单纯，根本就变动不居，与日俱新，事态一去不复来，绝不能老在一个状态上反复无穷。因此说世界与人生根本就不科学，至少有一部分不科学，而且这一部分，正是重要的一部分。让我们用人为的方法，把外面复杂的事态在特设的场合下单纯起来，再强制的叫他反复无穷，如此好让我们得着一些我们所要的知识。然而这真是一些而已。你若认此一些当做全部，你若认为外面的世界和人生，真如你的实验室里的一切，也一样的单纯，也一样的可以反复无穷，科学知识是有用的，然而你那种心智习惯却甚有害。而且你所得的知识的用处，将抵偿不过你所养成的心智习惯的害处来得更深更大。

原来科学家本就把他自身也关闭在一个特定的场合下的，他把他自身从整个世界整个人生中抽出，因此能头脑冷静，能用纯理智的心情来对某些单纯的事态作无穷反复的研寻。他们所得来的知识，未尝不可在整个世界与整个人生中的某几处应用，让我们依然把这些科学家在特定的场合中封闭，研究人体解剖的医生，依然封闭在解剖室里，整个医学上用得到解剖人体所得来的知识，但我们不要一个纯解剖的医学。人生中用得到科学，但我们不能要一个纯科学的人生。科学只是寻求知识的一条路，一种方法。我们用得到科学知识，但我们不能要纯科学的知识。否则我们须将科学态度和科学方法大大地解放，是否能在科学中也放进热和血之动，在科学中也渗入人之情感与欲望，让科学走进人生广大而复杂的场面，一往不复的与日俱新的一切事态，也成为科学研究之对象呢?这应该是此下人类寻求知识一个新对象，一种新努力。

前一种科学，我们称他为自然科学，后一种科学，则将是人文科学了。近代西方科学是从自然科学出发的，我们渴盼有一种新的人文科学兴起。人文和自然不能分离，但也不能用自然来吞灭了人文。人文要从自然中出头，要运用自然来创建人文。我们要有复杂的变动的热情的人生科学，来运用那些单纯的静定的纯理智的非人生的自然科学。

比"聪明"更重要的是"善良"

——亚马逊总裁演讲

杰夫·贝佐斯（Jeff Bezos），亚马逊集团创始人、CEO，全球电子商务先驱。本科毕业于普林斯顿大学。

在我还是个孩子的时候，夏天总是在得州祖父母的农场中度过。我帮忙修理风车，为牛接种疫苗，也做其他家务。每天下午，我们都会看肥皂剧，尤其是《我们的岁月》。

我的祖父母参加了一个房车俱乐部，那是一群驾驶Airstream拖挂型房车的人们，他们结伴遍游美国和加拿大。每隔几个夏天，我也会加入他们。我们把房车挂在祖父的小汽车后面，然后加入300余名Airstream探险者们组成的浩荡队伍。

善良比聪明更难

我爱我的祖父母，我崇敬他们，也真心期盼这些旅程。那是一次我大概十岁时的旅行，我照例坐在后座的长椅上，祖父开着车，祖母坐在他旁边，吸着烟。我讨厌烟味。

在那样的年纪，我会找任何借口做些估测或者小算术。我会计算油耗还有杂货花销等鸡毛蒜皮的小事。我听过一个有关吸烟的广告。我记不得细节了，但是广告大意是说，每吸一口香烟会减少几分钟的寿命，大概是两分钟。

无论如何，我决定为祖母做个算术。我估测了祖母每天要吸几支香烟，每支香烟要吸几口等等，然后心满意足地得出了一个合理的数字。接着，我捅了捅坐在前面的祖母的头，又拍了拍她的肩膀，然后骄傲地宣称，"每天吸两分钟的烟，你就少活九年!"

我清晰地记得接下来发生了什么，而那是我意料之外的。我本期待着小聪明和算术技巧能赢得掌声，但那并没有发生。相反，我的祖母哭泣起来。

我的祖父之前一直在默默开车，把车停在了路边，走下车来，打开了我的车门，等着我跟他下车。我惹麻烦了吗?我的祖父是一个智慧而安静的人。他从来没对我说过严厉的话，难道这会是第一次?还是他会让我回到车上跟祖母道歉?

我以前从未遇到过这种状况，因而也无从知晓会有什么后果发生。我们在房车旁停下来。祖父注视着我，沉默片刻，然后轻轻地、平静地说："杰夫，有一天你会明白，善良比聪明更难。"

选择比天赋更重要

今天我想对你们说的是，天赋和选择不同。聪明是一种天赋，而善良是一种选择。天赋得来很容易——毕竟它们与生俱来。而选择则颇为不易。如果一不小心，你可能被天赋所诱惑，这可能会损害到你做出的选择。

在座各位都拥有许多天赋。我确信你们的天赋之一就是拥有精明能干的头脑。之所以如此确信，是因为入学竞争十分激烈，如果你们不能表现出聪明智慧，便没有资格进入这所学校。

你们的聪明才智必定会派上用场，因为你们将在一片充满奇迹的土地上行进。我们人类，尽管跬步前行，却终将令自己大吃一惊。我们能够想方设法制造清洁能源，也能够一个原子一个原子地组装微型机械，使之穿过细胞壁，然后修复细胞。这个月，有一个异常而不可避免的事情发生了——人类终于合成了生命。在未来几年，我们不仅会合成生命，还会按说明书驱动它们。

我相信你们甚至会看到我们理解人类的大脑，儒勒·凡尔纳、马克·吐温、伽利略、牛顿——所有那些充满好奇之心的人都希望能够活到现在。作为文明人，我们会拥有如此之多的天赋，就像是坐在我面前的你们，每一个生命个体都拥有许多独特的天赋。

你们要如何运用这些天赋呢？你们会为自己的天赋感到骄傲，还是会为自己的选择感到骄傲？

追随自己内心的热情

16年前，我萌生了创办亚马逊的想法。彼时我面对的现实是互联网使用量以每年2300%的速度增长，我从未看到或听说过任何增长如此快速的东西。创建涵盖几百万种书籍的网上书店的想法令我兴奋异常，因为这个东西在物理世界里根本无法存在。那时我刚刚30岁，结婚才一年。

我告诉妻子MacKenzie我想辞去工作，然后去做这件疯狂的事情，很可能会失败，因为大部分创业公司都是如此，而且我不确定那之后会发生什么。MacKenzie告诉我，我应该放手一搏。在我还是一个男孩儿的时候，我是车库发明家。我曾用水泥填充的轮胎、雨伞和锡箔以及报警器制作了一个自动关门器。我一直想做一个发明家，MacKenzie支持我追随内心的热情。

我当时在纽约一家金融公司工作，同事是一群非常聪明的人，我的老板也很有智慧，我很羡慕他。我告诉我的老板我想开办一家在网上卖书的公司。他带我在中央公园漫步良久，认真地听我讲完，最后说："听起来真是一个很好的主意，但是对那些目前没有谋到一份好工作的人来说，这个主意会更好。"

这一逻辑对我而言颇有道理，他说服我在最终做出决定之前再考虑48小时。那样想来，这个决定确实很艰难，但是最终，我决定拼一次。我认为自己不会为尝试过后的失败而遗憾，倒是有所决定但完全不付诸行动会一直煎熬着我。在深思熟虑之后，我选择了那条不安全的道路，去追随我内心的热情。我为那个决定感到骄傲。

明天，非常现实地说，你们从零塑造自己人生的时代即将开启。

你们会如何运用自己的天赋？你们又会做出怎样的抉择？

你们是被惯性所引导，还是追随自己内心的热情？

你们会墨守成规，还是勇于创新？

你们会选择安逸的生活，还是选择一个奉献与冒险的人生？

你们会屈从于批评，还是会坚守信念？

你们会掩饰错误，还是会坦诚道歉？

你们会因害怕拒绝而掩饰内心，还是会在面对爱情时勇往直前？

你们想要波澜不惊，还是想要搏击风浪？

你们会在严峻的现实之下选择放弃，还是会义无反顾地前行？

你们要做愤世嫉俗者，还是踏实的建设者？

你们要不计一切代价地展示聪明，还是选择善良？

我要做一个预测：在你们80岁时某个追忆往昔的时刻，只有你一个人静静对内心诉说着你的人生故事，其中最为充实、最有意义的那段讲述，会被你们做出的一系列决定所填满。最后，是选择塑造了我们的人生。为你自己塑造一个伟大的人生故事。

谢谢，祝你们好运！

名画欣赏

雅克·路易·大卫——《跨越阿尔卑斯山的拿破仑》

雅克·路易·大卫（Jacques-Louis David，1748—1825）是法国著名画家，古典主义画派的奠基人。大卫出生于巴黎的一个中产阶级五金商家庭，9岁时父亲被杀，母亲离家出走，由身为皇家砖瓦匠的叔父抚养抚大。16岁时考入皇家绘画雕塑院学习。最初的创作都是从古希腊罗马的传说和艺术中寻求美的源泉和理想，把古代英雄的品德和艺术样式视为审美的最高标准。后来由于接触到一些反封建的革命党人，他在政治思想和艺术观念上产生了一些变化，创作了一些富有时代精神的作品。从这时起画家勇敢地站在时代的高度，用自己的艺术为反封建斗争服务，逐渐走进现实主义潮流。他说过："艺术必须帮助全体民众的幸福与教化，艺术必须向广大民众揭示市民的美德和勇气"。他说："绘画不是技巧，技巧不能构成画家。"他还说：

"拿调色板的不一定是画家，拿调色板的手必须服从头脑"。这些都成为画家的箴言。

《跨越阿尔卑斯山的拿破仑》再现了1799—1802年第二次反法同盟战争期间，拿破仑率领四万大军，翻越险峻的阿尔卑斯山，为争取时间抄近道越过圣伯纳隧道，进入意大利的情景。大卫把画面人物安排在圣伯纳山口积雪的陡坡上，阴沉的天空，奇险的地势加强了作品的英雄主义气概，红色的斗篷使画面辉煌激昂。画面上年轻的拿破仑，充满梦想和自信，他的手指向高高的山峰。昂首挺立的烈马与镇定坚毅的人物形成对比。其强烈的英雄主义气概，辉煌激昂的调性，精湛的创作技术法，无与伦比。

第二单元

我的大学——大学之大

学习要点:

认知大学的含义;

了解大学的职能及大学教育的目标;

明确大学生活应如何度过,如何成为合格乃至优秀的大学生;

了解大学教师的使命,增强对教师职业的理解。

导 语

"大学就是要有大树(环境好),大师(师资好),大楼(硬件好),然后就是校区大",这只是一个世俗的调侃。

以世界的眼光来看,大学之所以成为大学,主要基于两个因素:一是高品质的教育和学术水准,二是其道德使命和人文关怀,亦即对人类精神世界的关照和社会道德的提升。因此,考察大学素来有两个标准,一是专业标准,二是人文标准。

遗憾的是,受商品经济大潮的冲击,这两个标准在今天的中国大学似乎都难以达到。前者有中国传统教育思想束缚创造力的因素,也有今天中国学者在经济转型过程中的迷失和迷茫;后者则既有政治束缚因素,也更有中国知识分子自身的人生观、价值观的迷失。中国古代读书人崇尚"以天下为己任",把"明明德、亲民、止于至善"作为人生的目标,将"修身、齐家、治国、平天下"作为达成终极目标的途径,把其中读书人对自身道德的修炼——"修身"视为基础和核心。但到了今天,古代读书人的这些观念都不同程度地遭到消减。崛起期的中华民族有许多精神层面的混乱,需要中国知识分子细心、理性而又逻辑严密地予以梳理、提炼和修正,期待中国的大学对迅速崛起的中华民族的精神世界形成关照,期待一代代大学生不忘知识分子的使命。

美国思想家加尔布雷恩说过:"一个国家的前途,不取决于它的国库之殷实,不取决于它的城堡之坚固,也不取决于它的公共设施之华丽,而在于它的公民的文明素养,即在于人们所受的教育……"。而教育,狭义来讲,学校教育,从幼儿园到小学到中学,最后当然聚焦于大学教育。可以说,大学教育,是学校教育的收官教育,是学生走向社会的出口教育。大学之大,不取决于其校区面积之大,不取决于其师生数量之大,不取决于其设施规模之大，不取决于投资款额之大，而在于是否大气——"是否具有藐视世俗价值观的孤高之气，是否具有引领国民人格和民族精神走向崇高的浩然之气，是否具有敢于追求真理和高擎理想火炬的凛然之气。有此气，再小亦大；无此气，再大亦小。大学之大，唯在气大而已。（林少华《我看大学之大》）"

大学的功能定位，大学的职责所在，大学生和大学教师应当如何认知自己，非常重要。

文 选

论 教 育

爱因斯坦

阿尔伯特·爱因斯坦（Albert Einstein, 1879—1955），生于德国，后入瑞士籍，终入籍美国。曾任柏林大学、普林斯顿大学等校教授。1922年获诺贝尔物理学奖。

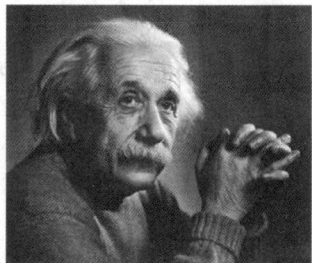

傅雷在家书中教导傅聪：首先要成为一个人，其次是成为一个艺术家，最后才是成为一个钢琴家。爱因斯坦的伟大，就在于他不仅仅只是一个物理学家、一个科学家，更在于他是一个具有崇高人格的人。而他再三寄希望于青年一代的，也正是使我们成为"一个和谐发展的人"。下面三段文字，分别选自他的《培养独立思考的教育》《论教育》《教师和学生》。

一

用专业知识教育人是不够的。通过专业教育，他可以成为一种有用的机器，但是不能成为一个和谐发展的人。要使学生对价值有所理解并且产生热烈的感情，那是最基本的。他必须获得对美和道德上的善恶鲜明的辨别力。否则，他——连同他的专业知识——就更像一只受过很好训练的狗，而不像一个和谐发展的人。为了获得对别人和对集体的适当关系，他必须学习去了解人们的动机、他们的幻想和他们的疾苦。

这些宝贵的东西，是通过同教育者亲身接触，而不是——至少主要的不是——通过教科书传授给青年一代的。本来构成文化和保存文化的正是这个。当我把"人文学科"（the humanities）作为重要的东西推荐给大家的时候，我心里想的就是这个，而不是历史和哲学领域里十分枯燥的专门知识。

过分强调竞争制度，以及依据直接用途而过早专门化，这就会扼杀包括专业知识在内的一切文化生活所依存的那种精神。

使青年人发展批判的独立思考，对于有价值的教育也是生命攸关的，由于太多和太杂的学科（学分制）造成的青年人的过重负担，大大地危害了这种独立思考的发展。负担过重必导致肤浅。教育应当使所提供的东西让学生作为一种宝贵的礼物来领受，而不是作为一种艰苦的任务要他去负担。

二

在每项成绩背后都有着一种推动力，它是成绩的基础，反过来，这种推动力也通过任务的完成而得到加强和滋养。在这里存在着非常大的差别，这种差别同学校的教育准则的关系极为重大。做同样的工作，它的出发点，可以是恐怖和强制，可以是追求威信和荣誉的好胜心，也可以是对于对象的诚挚的兴趣和追求真理与理解的愿望，因而也可以是每个健康儿童都具有的天赋的好奇心，只不过这种好奇心往往很早就衰退了。同样一件工作的完成，对于学生所产生的教育影响可以很不相同，这要看推动这项工作的主因究竟是怕会受到损害的恐惧，是自私的欲望，还是对快乐和满足的追求。没有人会认为学校的管理和教师的态度对塑造学生的心理基础会没有影响。人们应当防止向青年人鼓吹那种以世俗意义上的成功作为人生的目标。因为一个获得成功的人，从他的同胞那里所取得的，总是无可比拟地超过他对他们所做的贡献。然而，看一个人的价值，应当看他贡献什么，而不应当看他取得什么。

在学校里和在生活中，工作的最重要动机是工作中的乐趣，是工作获得结果时的乐趣，以及对这个结果的社会价值的认识。启发并加强青年人的这些心理力量，我看这该是学校的最重要任务。只有这样的心理基础才能导致一种愉快的愿望，去追求人的最高财产——知识和艺术技能。

三

要记住，你们在学校里所学到的那些奇妙的东西，都是多少代人的工作成绩，都是由世界上每个国家里的热忱的努力和无尽的劳动所产生的。这一切都作为遗产交到你们手里，使你们可以领受它，尊重它，增进它，并且有朝一日又忠实地转交给你们的孩子们。这样，我们这些总是要死的人，就在我们共同创造的不朽事物中得到了永生。

如果你们始终不忘掉这一点，你们就会发现生活和工作的意义，并且对待别的民族和别的时代也就会有正确的态度。

【阅读提示】

爱因斯坦提醒我们，教育目标上的失误，是一个全球性的问题。经济的高速发展，必然带来对物质、科学、技术的顶礼，对竞争的膜拜，导致不平等的存在，随之而来的是以往上爬，成为"成功者"为目标的精英教育，实利主义、实用主义、消费主义和虚无主义的泛滥，从而形成精神、道德的危机。

本文第一段指出，教育的目的也即教育的本质，是让受教育者获得成长，终成为一个和谐发展的人。而要达成这一目标，必须做到：①让学生认识并理解做为人的价值、意义，并对此产生热烈感情；②要发展学生的善恶美丑的判断力；③要让学生获得与他人相处，处理个人与集体关系的能力。

完成这一使命的途径，要通过教育者和受教育者亲身接触，而不只是通过知识的传授。而目前，教育显然出现了有悖于这一目标的问题：①过分强调竞争制度导致教育的功利化；②过多过杂的学科负担，妨害了青年批判的独立思考力的发展，扼杀了应有的人文精神。

第二段文字从教育机构——学校角度，指出学校的管理和教师的态度对塑造学生的心理基础有着重大影响。学校最重要的任务，是帮助青年建立良好的工作动机——每项成绩背后的推动力。工作中最重要的动机是工作中的乐趣以及对工作结果的社会价值的认识，应该防止向青年鼓吹以世俗意义上的成功作为人生目标——功利化。而目前，我们许多的教育工作者恰恰忽略了这一点。

在第三段中，作者指出作为学生，应意识到自己生活和工作的意义，即自己的人生价值，亦即责任和使命：对前人的创造，领受它，尊重它，增进它，并传承它，让自己在人类世世代代创造的不朽事物中得到永生。

【讨论思考】

1.你认为大学的功能是什么？大学生除了专业知识之外，应该学什么？

2.目前大学教育存在哪些问题？

3.你为什么要上大学？总结一下自己上大学的动机，对照文章，分析自己学习的动力所在，分析之后你觉得应该有哪些修正？

4.大学生的使命是什么？

名画欣赏

拉斐尔——《雅典学院》

拉斐尔（1483—1520），和达·芬奇、米开朗琪罗并称文艺复兴时期美术三杰。他的作品博采众家之长，形成了自己独特的风格，代表了当时人们最崇尚的审美趣味，成为后世古典主义者不可企及的典范。其代表作有油画《西斯廷圣母》、壁画《雅典学院》等。

拉斐尔出生于意大利中部的乌尔比诺镇，他的父亲是宫廷的画师。8岁时，母亲去世，11岁时，父亲去世，拉斐尔的正式监护人变成他唯一的叔叔。年幼时跟随父亲学习绘画，后来转为跟随佩鲁吉诺的画室学习绘画，在1500年出师。他学习了15世纪佛罗伦萨艺术家的作品，积极吸取各派画家的优势和长处，形成了自己和谐明朗、优美典雅的艺术风格，开始走上了独创的道路。他的性情平和、文雅，创作了大量的圣母像，他的作品充分体现了安宁、协调、和谐、对称以及完美和恬静的秩序。

《雅典学院》是拉斐尔最著名的壁画，是为梵蒂冈宫绘制的。这幅巨型壁画把古希腊以来的50多个著名的哲学家和思想家聚于雄伟庄丽的大厅里，包括柏拉图、亚里士多德、苏格拉底、毕达哥拉斯等，他们代表着古代文明中七种自由学术：即语法、修辞、逻辑、数学、几何、音乐、天文等。以此歌颂人类对智慧和真理的追求，赞美人类的创造力。

我们欣赏这幅巨作，如同进入人类文明博大精深的思想世界，这个思想领域是由柏拉图和亚里士多德的争论展开的。他们两人从遥远的历史走来，边走边进行激烈的争论。

成为一个不惑、不忧、不惧的人

——梁启超先生在苏州学界的演讲

梁启超（1873—1929），字卓如，一字任甫，号任公，又号饮冰室主人、饮冰子、哀时客、中国之新民、自由斋主人。清朝光绪年间举人，中国近代思想家、政治家、教育家、史学家、文学家。戊戌变法（百日维新）领袖之一、中国近代维新派代表人物。梁启超于学术研究涉猎广泛，在哲学、文学、史学、经学、法学、伦理学、宗教学等领域，均有建树，以史学研究成绩最显著。

梁启超一生勤奋，著述宏富，在将近36年的政治活动又占去大量时间的情况下，每年平均写作达39万字之多，各种著述达1400多万字。

这篇文章是梁启超先生在1922年应苏州学界邀请作的一场演讲。

问诸君："为什么进学校？"我想人人都会众口一词地答道："为的是求学问。"再问："你为什么要求学问？""你想学些什么？"恐怕各人答案就很不相同，或者竟自答不出来了。诸君啊！我替你们总答一句吧："为的是学做人。"你在学校里头学的数学、几何、物理、化学、生理、心理、历史、地理、国文、英语乃至什么哲学、文学、科学、政治、法律、经济、教育、农业、工业、商业等等，不过是做人所需要的一种手段，不能说专靠这些便达到做人的目的。任凭你那些件件学得精通，你能够成个人或者不能成个人，还是另一个问题。

人类心理，有知、情、意三部分，这三部分圆满发达的状态，我们先哲名之为"三达德"——知、仁、勇。为什么叫作"达德"呢？因为这三件事是人类普通道德的标准，总要三件具备才能成一个人。三件的完成状态怎么样呢？孔子说："知者不惑，仁者不忧，勇者不惧。"[①]所以教育应分为知育、情育、意育三方面——现在讲的知育、德育、体育不对，德育范围太笼统，体育范围太狭隘。——知育要教导人不惑，情育要教导人不忧，意育要教导人不惧。教育家教学生，应该以这三件为究竟；我们自动的自己教育自己，也应该以这三件为究竟。

怎样才能不惑呢？最要紧的是养成我们的判断力。想要养成判断力：第一步，最少须有相当的常识；进一步，对于自己要做的事须有专门知识；再进一步，还须有遇事能判断的智慧。假如一个人连常识都没有了，听见打雷，说是雷公发威；看见月食，说是蛤蟆贪嘴。那么，一定闹到什么事都没有主意，碰着一点疑难问题，就靠求神、问卜、看相、算命去解决。真所谓"大惑不解"，成了最可怜的人了。学校里小学、中学所教，就是要人有了许多基本的常识，免得凡事都暗中摸索。但仅仅有这点常识还不够。我们做人，总要各有一件专门职业。这职业也并不是我一人破天荒去做，从前已经许多人做过。他们积累了无数经验，发现出好些原理、原则，这就是专门学识。我打算做这项职业，就应该有这项专门学识。例如我想做农吗？怎样的改良土壤，怎样的改良种子，怎样的防御水旱、病虫……，都是前人经验有得成为学识的。我们有了这种学识，应用它来处置这些事，自然会不惑；相反是则惑

了。做工、做商……，都各有他的专门学识，也是如此。我想做财政家吗？何等租税可以生出何样结果，何种公债可以生出何样结果……，都是前人经验有得成为学识的。我们有了这种学识，应用它来处置这些事，自然会不惑；相反是疑惑了。教育家、军事家……，都各有他的专门学识，也是如此。

我们在高等以上学校所求得的知识，就是这一类。但专靠这种常识和学识就够吗？还不能。宇宙和人生是活的，不是呆的；我们每日所碰见的事理，是复杂、变化的，不是单纯的、印板的。倘若我们只是学过这一件才懂这一件，那么，碰着一件没有学过的事来到跟前，便手忙脚乱了。

所以还要养成总体的智慧，才能得有根本的判断力。这种总体的智慧如何才能养成呢？第一件，要把我们向来粗浮的脑筋，着实磨炼他，叫他变成细密而且踏实；那么，无论遇着如何繁难的事，一定可以彻头彻尾想清楚他的条理，自然不至于惑了。第二件，要把我们向来浑浊的脑筋，着实将养他，叫他变成清明；那么，一件事理到跟前，我才能很从容、很莹澈的去判断他，自然不至于惑了。

以上所说常识、学识和总体智慧，都是知育的要件；目的是教人做到"知者不惑"。

怎么样才能不忧呢？为什么仁者便会不忧呢？想明白这个道理，先要知道中国先哲的人生观是怎么样。"仁"之一字，儒家人生观的全体大用都包在里头。"仁"到底是什么，很难用言语来说明。勉强下个解释，可以说是："普遍人格之实现。"孔子说："仁者，人也。"意思说是人格完成就叫作"仁"。但我们要知道：人格不是单独一个人可以表现的，要从人和人的关系上看出来。所以"仁"字从二人，郑康成解他做"相人偶"。总而言之，要彼我交感互发，成为一体，然后我的人格才能实现。所以我们若不讲人格主义，那便无话可说；讲到这个主义，当然归宿到普遍人格。换句话说，宇宙即是人生，人生即是宇宙，我的人格和宇宙无二无别。体验得这个道理，就叫作"仁者"。然则这种"仁者"为什么会不忧呢？大凡忧之所从来，不外两端：一曰忧成败，一曰忧得失。我们得着"仁"的人生观，就不会忧成败。为什么呢？因为我们知道，宇宙和人生是永远不会圆满的，所以易经六十四卦，始"乾"而终"未济"；正为在这永远不圆满的宇宙中，才永远容得我们创造进化。

我们所做的事，不过在宇宙进化几万里的长途中，往前挪一寸两寸，哪里配说成功呢？然则不做怎么样？不做便连一寸两寸都不往前挪，那可真失败了。"仁者"看透这种道理，信得过只有不做事才算失败，凡做事便不会失败；所以易经说"君子以自强不息。"[②]换一方面来看，他们又信得过凡事不会成功的：几万里路挪了一两寸，算成功吗？所以论语说："知其不可而为之。"[③]你想，有这种人生观的人，还有什么成败可说呢？再者，我们得着"仁"的人生观，便不会忧得失。为什么呢？因为认定这件东西是我的，才有得失之可言。连人格都不是单独存在，不能明确的画出这一部分是我的，那一部分是人家的，然则哪里有东西可以为我所得？既已没有东西为我所得，当然亦没有东西为我所失。

我只是为学问而学问，为劳动而劳动，并不是拿学问劳动等等做手段来达某种目的——可以为我们"所得"的。所以老子说"生而不有，为而不恃。"[④]"既以为人己愈有，既以与人己愈多。"[⑤]你想，有这种人生观的人，还有什么得失可忧呢？

总而言之，有了这种人生观，自然会觉得"天地与我并生，而万物与我为一"[⑥]；自然会"无入而不自得。"他的生活，纯然是趣味化、艺术化。这是最高的情感教育，目的是教人做到"仁者不忧"。

怎么样才能不惧呢？有了不惑、不忧功夫，惧当然会减少许多了。但这是属于意志方面的事。一个人若是意志力薄弱，便有很丰富的知识，临时也会用不着；便有很优美的情操，临时也会变了卦。然则意志怎样才会坚强呢？

头一件须要心地光明。孟子曰："浩然之气，至大至刚。"[⑦]"行有不慊之心，则馁矣。"[⑧]又说："自反而不缩，虽褐宽博，吾不惴焉；自反而缩，虽千万人，吾往矣。"[⑨]俗词说得好："生平不作亏心事，夜半敲门也不惊。"一个人要保持勇气，须要从一切行为可以公开做起，这是第一著。

第二件要不为劣等欲望所牵制。论语说："子曰：'吾未见刚者。'或对曰：'申枨。'子曰：'枨也欲，焉得刚？'"[⑩]被物质上无聊的嗜欲东拉西扯，那么，百炼钢也会变为绕指柔了。总之，一个人的意志，由刚强变为薄弱极易，由薄弱返到刚强极难。一个人有了意志薄弱的毛病，这个人可就完了。自己作不起自己的主，还有什么事可做！受别人压制，做别人奴隶，自己只要肯奋斗，终能恢复自由。自己的意志做了自己嗜欲的奴隶，那么，真是万劫沉沦，永无恢复的余地，终身畏首畏尾，成了个可怜人了。孔子说："和而不流，强哉矫；中立而不倚，强哉矫；国有道，不变塞焉，强哉矫；国无道，至死不变，强哉矫。"[⑪]我老实告诉诸君吧，做人不做到如此，决不会成一个人。但是做到如此真是不容易，非时时刻刻做磨炼意志的工夫不可。意志磨炼得到家，自然是看着自己应做的事，一点不迟疑，扛起来便做，"虽千万人吾往矣"。这样才算顶天立地做一世人，绝不会有藏头露尾、左支右绌的丑态。这便是意育的目的，要人做到"勇者不惧"。

我们拿这三件事做作人的标准，请诸君想想，我自己现在做到哪一件？哪一件稍为有一点把握？倘若连一件都不能做到，连一点把握也没有，哎哟！那可真危险了，你将来做人恐怕就做不成！讲到学校里的教育吗，第二层的情育第三层的意育，可以说完全没有，剩下的只有第一层的知育。就算知育罢，又只有所谓常识和学识，至于我所讲的总体智慧靠来养成根本判断力的，确实一点儿也没有。

这种"贩卖智识杂货店"的教育，把他前途想下去，真是令人不寒而栗！现在这种教育，一时又改不来，我们可爱的青年，除了他更没有可以受教育的地方。诸君啊！你到底还要做人不要？你要知道危险呀！非你自己抖擞精神想法自救，没有人能救你呀！

诸君啊！你千万不要以为得些片断的知识就是算有学问呀！我老实不客气告诉你吧，你如果做一个人，知识自然是越多越好；你如果做不成一个人，知识却越多越坏。不信吗？试想想全国人所唾骂的卖国贼某人某人，是有知识的呀，还是没有知识的呢？试想想全国人所痛恨的官僚、政客——专门助军阀作恶、鱼肉良民的人，是有知识的呀，还是没有知识的呢？诸君须知道啊！这些人，当十几年在学校的时代，意气横厉，天真烂漫，何尝不和诸君一样，为什么就会堕落到这样田地呀？

屈原说："何昔日之芳草兮，今直为此萧艾也？岂其有他故兮，莫好修之害也。"天下最伤心的事，莫过于看见一群好好的青年，一步一步地往坏路上走。诸君猛醒啊！现在你所厌、所恨的人，就是前车之鉴了。

诸君啊！你现在怀疑吗？沉闷吗？悲哀、痛苦吗？觉得外边的压迫你不能抵抗吗？我告诉你：你怀疑、沉闷，便是你因不知才会惑；你悲哀、痛苦，便是你因不仁才会忧；你觉得你不能抵抗外界的压迫，便是你因不勇才会惧。这都是你的知、情、意未经修养、磨炼，所以还未成个人。我盼望你有痛切的自觉啊！有了自觉，自然会自动。那么学校之外，当然有许多学问，读一卷经，翻一部史，到处都可以发现诸君的良师呀！

诸君啊！醒醒吧！养定你的根本智慧，体验出你的人格人生观，保护好你的自由意志。你成人不成人，就看这几年哩！（1922年12月27日在苏州学生联合会讲演。原载1923年1月15日《晨报副镌》，选自夏晓虹编《梁启超文选》（下），中国广播电视出版社，1992年版。）

【注释】

①知者不惑，仁者不忧，勇者不惧：聪明人不会迷惑，有仁德的人不会忧愁，勇敢的人不会畏惧。

②君子以自强不息：出自《周易》："天行健，君子以自强不息。地势坤，君子以厚德载物。"意思是天（即自然）的运动刚强劲健，相应于此，君子处世，应像天一样，自我力求进步，刚毅坚卓，发愤图强，永不停息；大地的气势厚实和顺，君子应增厚美德，容载万物。

③知其不可而为之：人要有一点锲而不舍的追求精神，许多事情都是经过艰苦努力和奋斗而得来的。孔子"知其不可而为之"，反映出他孜孜不倦的执着精神。

④生而不有，为而不恃：生养了万物而不据为己有，推动了万物，而不自恃有功。

⑤既以为人己愈有，既以与人己愈多：圣人是不存占有之心的，而是尽力照顾别人，他自己也更为充足；他尽力给予别人，自己反而更丰富。

⑥天地与我并生，而万物与我为一：是"天人合一"的思想，主张人与自然融为一体，与自然和谐相处。

⑦浩然之气，至大至刚：出自《孟子》的《公孙丑章句上》。浩然：盛大而流动的样子。极端浩大，极端有力量。"浩然之气"不是一般所谓"精气"、"血气"，而是充满正义，充满仁义道德的正气、骨气。

⑧行有不慊之心，则馁矣：出自《孟子·公孙丑上》。"行"指言行举止，"慊"通"惬（qie四声）"快心，满意；"馁"气馁;泄气，丧气。指人在言行中总感觉不满意不知足，就会泄气。

⑨自反而不缩，虽褐宽博，吾不惴焉；自反而缩，虽千万人，吾往矣：出自《孟子·公孙丑上》。自我反省，如果自己理亏，哪怕面对手无寸铁的布衣百姓，我能不害怕得心惊肉跳吗？相反，如果自我反省之后能够理直气壮，无愧于良心道理，即使面前是千军万马，我也勇往直前，决不退缩。

⑩论语说："子曰：'吾未见刚者。'或对曰：'申枨。'子曰：'枨也欲，焉得刚？'"：孔子说：人立于天地之间，要有刚强的德行才为可贵，但我看现在的人，都没有一个刚强的。有人对孔子说：你的弟子申枨不是很刚强吗？孔子回答说：申枨物欲太强，这怎么是刚强的表现呢？孔子此言的意思是，有物欲就不会刚强，唯有刚强才能抑制物欲。

⑪"和而不流，强哉矫；中立而不倚，强哉矫；国有道，不变塞焉，强哉矫；国无道，至死不变，强哉矫。"：矫，强大义。这段话的意思：君子虽同流而不和污，此为强者；不偏倚强势保持中立，此为强者；当国家政治清明，自己达而富贵时，不肯生出骄溢，改变了

未达时的志行，当国家无道，自己穷而困厄时，只以守义安命为主，便遇着大祸患置于死地，也不肯改了平生的节操，这才是真正的强者。

【阅读提示】

演讲开篇，他向学生提出了一个问题"为什么进学校？"，作者给出的答案是，求学问为的是学做人。他说但凡一个人在学校里所学，数理化、史地、国文、英语，乃至哲学、文学、农工商等等，皆不过是做人所需的一种手段。而要成一个人，总要具备"三达德"：智、仁、勇，做到"智者不惑，仁者不忧，勇者不惧"，无论是教育家教育学生，还是自己教育自己，皆应以这三件为准则。接下来，作者分别指出了如何才能具备三德。

要做到不惑，最要紧的是养成判断力。想要养成判断力：①最少须有相当的常识；②对于自己要做的事须有专门知识；③还须有遇事能判断的智慧。而智慧的养成，需要两个途径，一是在实践中磨炼，二是通过不断学习将养。

要做到不忧，需得着"仁"的人生观，视实现"普遍人格"为自己的人生理想，而不是将功名利禄当作人生目标。认识到人生不会圆满，但求走在创造的路上；"知其不可而为之"，只求得自我价值的最大化，就不会忧成败。

要做到不惧，需要有顽强坚定的意志力，矢志不渝。而要做到这一点，首先要心地光明，公开无私，第二要做到不被劣等的欲望——对物质的追求——所牵制。

然后，针对当时教育现状，批判"贩卖智识杂货店"的教育害人不浅，只重视智育，而智育也是不完整的，没有发展学生的智慧，即独立思考和判断选择的能力，进而提醒青年学生"你如果做一个人，知识自然是越多越好；你如果做不成一个人，知识却越多越坏。"

最后，针对青年人存在的问题指出其症结，号召青年学生通过学习养定智慧，体验人格人生观并保有自己的独立意志。

【讨论思考】

1.为学与做人的关系是什么？
2.解释"不惑、不忧、不惧"三达德。
3.如何才能成为不惑、不忧、不惧的人？

青春

塞缪尔·厄尔曼 王佐良 译

塞缪尔·厄尔曼1840年生于德国，童年时移居美国。参加过南北战争，后来定居于拉巴马州的伯明翰市。他是一位五金制品商，热心公益67年如一日。在其生前的最后几年，他在日本得到一本书及其作品的录音盒带稿酬36 000美元，并全部捐赠给伯明翰市的一所亚拉巴马州立大学作为奖学基金。

1990年9月间，美国《华盛顿邮报》刊登了一篇乌尔曼所做的题为《青春》（又译为《年轻》）的短文。

美国将军麦克阿瑟就经常在谈话中引用《青春》中的词句。在整个太平洋战争过程中，他的办公桌上始终摆着一个精

致的小镜框，中间端正地镶置着《青春》的复印件。

然而，令人惊奇的是，此文后来竟会成为许多日本企业家生活哲学的基础，许多日本人甚至将这篇文章装在随身的皮夹子里。17年前，日本数百名商界、企业界和政界人士在东京和大阪聚会，表达他们对乌尔曼这篇文章的赞赏和敬仰之情。松下公司的创始人松下幸之助先生也参加了聚会，他说："多年来，《青春》始终是我的座右铭"。

王佐良，1916年生，诗人、翻译家、教授、英国文学研究专家，浙江上虞人。1995年，于北京去世。

青春不是年华，而是心境；青春不是桃面、丹唇、柔膝，而是深沉的意志，恢宏的想象，炙热的情感；青春是生命的深泉在涌流。

青春气贯长虹，勇锐盖过怯弱，进取压倒苟安。如此锐气，二十后生而有之，六旬男子则更多见。年岁有加，并非垂老；理想丢弃，方堕暮年。

岁月悠悠，衰微只及肌肤；热忱抛却，颓废必致灵魂。忧烦，惶恐，丧失自信，定使心灵扭曲，意气如灰。

无论年届花甲，抑或二八芳龄，心中皆有生命之欢乐，奇迹之诱惑，孩童般天真久盛不衰。人人心中皆有一台天线，只要你从天上人间接受美好、希望、欢乐、勇气和力量的信号，你就青春永驻，风华常存。

一旦天线倒塌，锐气便被冰雪覆盖，玩世不恭、自暴自弃油然而生，即使年方二十，实已垂垂老矣；然则只要树起天线，捕捉乐观信号，你就有望在八十高龄告别尘寰时仍觉年轻。

【阅读提示】

青春，人们惯常以为是特指青年时期，是青年人的专利，它与"桃面、丹唇、柔膝"相关。而诗人却从更宏阔更本质的境界上诠释了"青春"的意蕴：青春不是生理意义上的年龄特征，而是精神层面上的心境——深沉的意志、创造的冲动和对生命及生活的热爱。有此特征者，即便是六十乃至八十高龄，青春依然；否则（怯懦、苟安、颓废、忧烦、惶恐）即使年方二十，实则垂垂老矣。

而永葆青春的魔方便是那台天线——高远的理想（高指境界，远指长远，就个人而言需终其一生为之奋斗）。

【讨论思考】

1.什么是青春？如何永葆青春？

2.作为大学生、时代青年，我们的青春应该有什么特点？

▌案例讨论

仔细阅读下文，这几个学生你最喜欢哪一个（按照你喜欢的程度做一下排列）？为什么？你是站在什么角度排列的？

谈谈你认为教育的目的是什么？并评析当下人们对教育的认识。

迷 途

A、男生：18岁考入北京大学物理系，本科毕业后进入美国爱荷华大学物理与天文系攻读研究生。28岁通过答辩获得博士学位。

B、男生：贫寒农家子弟，以优异的成绩考入省级重点高中，高中期间成绩优异，被评为省级三好学生，全国物理奥数二等奖，后考入省属重点大学攻读生物技术专业。

C、女生：七岁父母离异，随母亲生活，成绩优异，组织能力强，顺利升入省级重点高中，从初中起担任班长，一直到高中毕业，高中学校辩论赛最佳辩手，省级优秀学生干部，与同学老师关系融洽，考入澳门科技大学。

D、男生：4岁选入申奥形象大使；4岁学习钢琴，师从中央音乐学院著名钢琴教授韩剑明；8岁学习书法，师从清华大学方志文；获奖无数，10岁加入国家冰球队，读人大附中并留学美国。

第一位是卢某（1991年11月1日就读于美国爱荷华大学的中国博士留学生，卢某开枪射杀了3位教授和副校长以及一位和卢某同时获得博士学位的中国留学生山某，在枪杀五人之后，卢某随即当场饮弹自尽的枪击事件）。第二位是马某；第三位是一所重点中学的学生，也是一个真实案例，一个众人眼里非常优秀的女生，组织能力非常强，很会与人相处，人缘也很好，是全校老师和家长公认的好学生，当时高中毕业时她妈妈是作为优秀毕业生家长在全校做发言的。谁都没有想到，在外人眼里这个优秀的孩子居然跳楼自杀，当这个消息传到学校以后，孩子的任课老师、校长等都非常受打击，都觉得他们的教育很失败。第四位后来因种种劣迹进了监狱。

拓展阅读

曾国藩家书
咸丰六年九月二十九夜字谕纪鸿儿

曾国藩（1811—1872），中国近代政治家、战略家、理学家、文学家，湘军的创立者和统帅。与胡林翼并称曾胡，与李鸿章、左宗棠、张之洞并称"晚清四大名臣"。官至两江总督、直隶总督、武英殿大学士，封一等毅勇侯，谥曰文正。

曾国藩出生于晚清一个地主家庭，自幼勤奋好学，6岁入塾读书。8岁能读四书、诵五经，14岁能读《周礼》《史记》文选。道光十八年（1838）中进士，入翰林院，为军机大臣穆彰阿门生。曾国藩一生奉行为政以耐烦为第一要义，主张凡事要勤俭廉劳，不可为官自傲。他修身律己，以德求官，礼治为先，以忠谋政，在官场上获得了巨大的成功。

曾国藩的崛起，对清王朝的政治、军事、文化、经济等方面都产生了深远的影响。在曾国藩的倡议下，建造了中国第一艘轮船，建立了第一所兵工学堂，印刷翻译了第一批西方书籍，安排了第一批赴美留学生。可以说曾国藩是中国近代化建设的开拓者。

信中"凡人多望子孙为大官，余不愿为大官，但愿为读书明理之君子"这句话，百余年来在士人之间广为传颂。自己身为大官，却不愿儿子做大官。曾氏的这种家教启迪了

千千万万望子成龙的家长："龙"不是"大官"，而是君子。（唐浩明）

家中人来营者，多称尔举止大方，余为少慰。凡人多望子孙为大官，余不愿为大官，但愿为读书明理之君子。勤俭自持，习劳习苦，可以处乐，可以处约，此君子也。余服官①二十年，不敢稍染官宦气习，饮食起居，尚守寒素家风②，极俭也可，略丰也可，太丰则吾不敢也。

凡仕宦之家，由俭入奢易，由奢返俭难③。尔年尚幼，切不可贪爱奢华，不可惯习懒惰。无论大家小家、士农工商，勤苦俭约，未有不兴，骄奢倦怠④，未有不败。尔读书写字不可间断，早晨要早起，莫坠⑤高曾祖考⑥以来相传之家风。吾父吾叔，皆黎明即起，尔之所知也。

凡富贵功名，皆有命定，半由人力，半由天事；惟学作圣贤，全由自己作主，不与天命相干涉。吾有志学为圣贤，少时欠居敬工夫，至今犹不免仍有戏言戏动。尔宜举止端庄，言不妄发，则入德之基也。（选自《唐浩明评点曾国藩家书》，岳麓书社，2004年7月）

【注释】

①服官：做官。

②寒素家风：家族中代代相传的俭朴的优良风尚。寒：贫寒，这里指节俭。素，朴素。

③由俭入奢易，由奢返俭难：从俭朴到奢侈容易，从奢侈回到俭朴就困难了。

④骄奢倦怠：骄，骄傲，放纵。奢，奢侈。倦怠，厌倦，懈怠。

⑤坠：失掉。

⑥考：称已故的父亲。

内心强大，直面人生

—— 高西庆教授在法学院2015届毕业典礼上的讲话

高西庆，男，1953年9月出生，法律博士。现任清华大学法学院教授、博士生导师。

1986年获美国杜克大学法律博士学位（J.D.），其后在华尔街从事律师工作。回国后创立中国证券市场设计研究中心，致力于中国证券市场的建立。曾兼任中国证券监督管理委员会首席律师、发行部主任，作为主要发起人之一参与了中国证券市场的设计与建立工作；兼任中国银行港澳管理处副主任、中银国际副董事长兼执行总裁，主持了中银国际的全球整合工作。

同学们、老师们、家长们、校友们，大家好！

首先要说明的是，我是经贸大学法学院的校友。经贸大学法学院还没有的时候已经有了法律系，法律系还没有的时候已经有了外贸系的法律专业。法律专业成立那一年，即1978年，只有两个学生，我是其中之一；1981年，我是法律专业的两个毕业生之一。我是"文革"以后第一届研究生，也是经贸大学法学专业建立以来第一届毕业生，可以说我是在座各位最早的老大哥。看到各位今天坐在这样一个气势宏伟、金碧辉煌的大厅里参加毕业典礼仪式很是感慨。因为当年我们要开任何大会，在座的小谭老师和丁激中老师可能还记得，都要到大摄影棚去。每次去之前都要穿上大衣，带上椅垫，即使是在仲夏这个季节。因为那里面太冷了，惨不忍待的地方。

　　今天我们能有这么好的条件当然应该感谢很多人。但有两位，我们应该是没齿不忘的。其中一位就是沈达明先生。沈先生是我在这里的研究生导师，他对我在这个学校的研究生岁月来说几乎意味着一切。他是我在学业上的指路明灯，因为他不光是在学习的那几年里给我很多启示和教诲，使我脑洞大开、眼界开阔了很多，更重要的是他在我去美国之前给了我一番振聋发聩的教导，由此奠定了我此后多年的学习、努力方向。回想起来，这在当年是难以想象的。可惜今天没有更多的时间去讲这个问题。但是很多人，包括石静霞老师都知道这个故事。在那个年代，20世纪80年代初，在你们绝大多数都还没有出生的时候，能够有这样的一位导师，以他深厚的学术涵养、睿智的大局判断和犀利的长远眼光在我出征之前，对我醍醐灌顶，为我此后的学习、工作、人生道路铺下了坚实的基础，使我受益终生。

　　另外一位就是冯大同先生。冯老师是我们法律教研室和法律系的第一位主任，也是法学院建院以后第一任院长。有人问起来说冯老师是你的导师？我说不，冯老师应该算是我的同学。为什么？因为当年我们所有人只听一个人的课，就是沈先生的课，我和冯老师，还有其他几位老师坐在一块儿听沈先生的课。但是，我仍然把冯老师看作是我的师长，看作是我整个人生道路上的一个良师益友。不便说他是护花使者，因为我不像是朵花。但是他一路上在我不知前路险恶的迷茫之时对我的呵护，在我不知天高地厚的冲动之时对我的保护，在我不知何以自持的无助之时对我的爱护，时常回想起来感铭至深。在我过去的几十年里，尤其在对外经贸大学的那段时间里，我曾有过很多困惑的时候，有过很多不知所从的时候，甚至有过一些盲目冲动面临危险的时候，都是冯老师，以兄长一般的胸襟和关怀向我伸出援助之手。有一段时间我们俩都是单身（那一段时间他太太在国外照顾孩子），所以他经常拉我到他家吃饭。冯老师饭做得很好，最拿手的就是红烧肉。后来他因心脏病去世我非常难过，因为我跟他一块儿吃红烧肉吃得太多。那几年里他对我说过很多话，做过很多事，有时甚至是半夜三更等在我的家门口来开导、说服我。有些是我后来才知道、才体会到的事。使我认识到一个像我这种不安分的特立独行者，不循规蹈矩的离经叛道者，能够在经贸大学的环境里受到宽容，得到容忍而没有受到更多的、更大的打击，就是因为一些像冯老师一样的忠厚长者的保护和爱护。所以我想借今天这个场合，向这两位为我们辛勤栽树的前人，表达衷心的敬意。我也希望各位在经贸大学毕业后，不管到哪里，不管做什么工作，一定要记得他们两位。因为虽然你们没见过这两位先生，但是你们今天能够在这里毕业，取得这个成就，能够获得这些荣誉，跟他们是绝对分不开的。

　　今年我们纪念沈先生100周年诞辰，要出版了他的一些著作。当然我不是鼓吹在座的各位都去买这套书，因为这套书据说要1000多块钱。但是刚才听说我们的毕业生百分之百的都找到了工作，所以其实你拿一个月工资中的一小部分去买套书也不算多。沈先生跟我说过一句话，他强调过好几次，因为当时我经常说有讲座要去听，他说，"其实听什么讲座一点儿都不重要，一个人把自己的心血全部都花在写书上了，讲的一定不如写得好"。其实我也深有体会，因为沈先生口音很重，我们听他讲课常常很费劲。他精通多国语言，但是他讲所有各国的语言时都带着浓重的宁波口音。只有读他的书，才能真正理解他的思维逻辑。我在这里希望大家能够记着他，学习他。你们不打算买他的书不要紧，但是你们要学习他的理论，学习他的思想，因为他在中国这块土地上，在法学领域里有着无人可以替代的地位。

　　25年前，当时经贸大学法律系每一届有40到80名学生。那一年，全国有二十几个文科状元在经贸大学法律系。那时的经贸学子，真可以说是天之骄子。每学期第一天上课时我都要说："我跟大家讲清楚，学校要求我上课必须要用英文讲，可是我今天先给大家30分钟时间用中文讲，回头别怪我没说清楚。因为我说的是自己的、也是你们的母语。你先看看你周围，根据我的经验，你们所有的学生里，只有10%的人大概愿意、也能够听明白我在说什么，这10%里还有10%左右最后能够真正跟得上、用得着我们学习的东西，甚至可能据此做出点事儿来。所以如果你觉得你听懂的比例不高，你完全可以不听这课，你或者可以走，（好像学校不允许），你可以打瞌睡（当年没有手机），你可以看书，做任何事，只要你不影响别人就行"。后来有一天，有一位学生忍不住站起来说，"不行老师，我今天非要问你一个问题。你这个课有什么用？就你所讲的法律（当时我讲的是Torts，美国民事侵权行为法），在中国没有半点用处。你给我们讲了半天英美法的东西，我们费这么大劲在你这儿还得不了高分，毕业以后也用不上，为什么还要我们上这门课？"我说，"你提的这个问题太好了。我告诉你，我这门课不是没有用的课，虽然它不能让你赚钱，不能让你飞黄腾达，但是你从它那里获得的知识方法和思维逻辑可以让你变成更好的人"。我可以看得出来，当时大家仍然非常不以为然。这门课下来，我就跟学校教务处说希望这门课还是改成选修课，千万不要必修，因为很多人不愿意上这门课。下一个学期，在我的坚持下变成了选修课，大家知道有几个人选我的课？猜不出来？6个。我上这门课的期间，有时候下大雪下大雨，有过几次就只有一个人来，那么我就跟这一个人讲课。我说这个是什么意思呢？就是不急功近利，就是不随波逐流，就是锲而不舍、坚持到底。我当然不是说坚持听我课的人就如何如何，但是这里许多人就真的"如何如何"了。这些甘于寂寞、立足长远、不畏苦读的人里有全世界最大的主权财富基金的首席律师，有全世界最大的基因研究机构的首席投资官兼首席律师，有中国收视率最高的电视台的总裁，也有几家世界级大律师事务所的合伙人。还有一位很有意思的人，跟我今天所讲相关的，就是我在杜克大学上法律时一个低我一届的同学，美国人。他对中国人感兴趣，想学中文，有时候跟我们扯一扯。毕业之后找不着合适的工作，就跑到中国台湾去待了两年，教英文学中文。觉得没有意思了，跑到北京来又待了一段时间。北京发生了一些事情使他不能待了，回去了。美国加州有几个朋友说，你反正闲着没事儿干，我们这个公司只有五个人，缺一个学法律的，你来跟我们干吧。这公司是哪家呢？思科。后来这个同学成了思科最核心的几个合伙人之一，再后来他已经成为一个慈善家，因为他的钱实在太多了。

　　我想说的是什么呢？你们在座的各位，经贸大法学院的毕业生们，不管你是否找到了"好"的工作，是否收到了"好"学校的录取通知书，或者认为自己就是刚才刘校长所说的那精英中的精英，但别以为自己真的就是那精英中的精英，而从此放弃奋斗，高枕无忧了。我们大家都知道，我们在全社会来讲算是受了一点良好的教育，又得益于中国经济近年来的迅猛发展，似乎是比这世界上的许多人强了一点点。但是我们离真正的精英还差得很远很远，因为我们在这个社会上，中国的社会也罢，外国的社会也罢，能人太多了，厉害的人太多了，各路大神们太多了。你跟他们竞争，竞争得过吗？尤其是在座的各位男同学，我一再地讲，我每到一个单位、每到一个学校，包括今天在清华、在经贸大学，怎么老发现我们男同学似乎这么没出息呢？怎么老比不过女同学呢？无论是学习还是工作，不管是体力活还是脑力活，干什么事儿都这样，这怎么可以呢？但是事实上，我刚刚举的例子里大部分都是男同学。这些人不循规蹈矩、不随波逐流、不留恋那被别人踩踏蹚平了的熟路，不纠结于是否会被别人认可为"精英中的精英"，所以才有了他们今天据以自傲的资本。

不用着急，只要你努力，最终总会找到一个你的位置。在这个世界上，我们说好像一定要找到一份"好"的工作才算成功。听说今年三分之一的同学们都要出国去学习了，真是很高的比例。出去学习有各种原因，但是很重要的一个原因据说还是为了要找好的工作。但是"好"的工作是什么？在我们上学的那个年代，所有工作都是国家分配的，说是党让你干什么你就干好什么，没有讨价还价的余地，无所谓好坏。可是人人都知道，那其实是有好坏之分的。那是一个人人平等，但有些人比其他人更为平等的时代。今天国家不管分配了，你们好像有了更大的自由。可是你却碰到了更大的问题。你说我找工作找不着，或者找的工作工资太低，或者找的工作前景不好，如此等等，诸多纠结。这个说实话真的不那么重要。重要的是今后还有好几十年呢，这几十年世界会发生什么样的变化你想了吗？这就是我今天想说的最重要的一点，就是说这个世界正在发生巨大的变化。我们今天所熟悉的一切很快就会成为历史。我们和你们将不得不去更为努力地适应所谓"新常态"。我们今天学法律，可是人工智能的发展已经到了行将取代大部分律师的边缘。我个人时常遗憾自己过早地失去了进入理工科学习的机会。"文化大革命"开始时我小学刚刚毕业。其后那么多年我在大山里，开山放炮挖涵洞，饿着肚子干各种各样繁重危险的体力活。接着去当工人，造枪造炮修机床，没有系统学习的机会。我后来学经济学，可是经济学里我最看不懂的就是复杂的数学公式。我今天还在努力学习，目的就是希望看懂。可是今天在座的各位，你们有比我好得多的数学基础，你们应当珍惜它，进一步努力学习，努力扩展，努力跟上这个世界正在发生的前所未有的巨大变化。

今天所要发生的事，是人类在过去100多万年的发展过程中都没有发生过的一件重要的事：20年内，机器人，即我们所说的人工智能，就会达到在所有的方面都大大超过人类的阶段，这就是所谓的奇点。有一本书《奇点临近》，美国人写的，专门讲这个问题。我们一直说机器在一些方面计算很快，但是在另一些方面却不如人。可是现在越来越多的科学家认为，一旦达到奇点，除了没有自发的感情之外，机器基本上可以取代人类。你们说那时会发生什么样的事情我们今天能够想象吗？这对人类意味着什么我们知道吗？我们想过吗？我们知道的摩尔定律，即电脑芯片的存储功能每六个月增加一倍，价格下降一半，这已经有多少年了？在我们当年，在根本不能想象用手机进行无线通话的时候，电脑是什么状态？我1986年在美国当律师时所买的第一台电脑是IBM制造的全世界最早的laptop，4000多美元。那个电脑的内存是256K，我花1000多美元扩展到512K，半个M，重约7公斤。今天我身上随时携带的任何一个小U盘就有十几个G，是我那个电脑的几万倍。最近有个朋友给了我一个便携式硬盘，说你那么多材料太乱了，都放在一起吧。我问有多大存储？2T，重约200克。这是我当年所有存储量的400万倍。在如此之快的进步之下，有人说摩尔定律快到头了，材料、能源、散热等条件方面的限制使得它无法再前进了。但是科学怎么可能就此停止不前了呢？最近不断地听科学家讲，人类在量子物理学方面马上要实现巨大的突破，使得我们有可能实现平行计算。到那时候，所有计算领域与今天相比将呈爆炸式发展，人类所可能掌握的能力将超越我们今天最为疯狂的想象。

可是有一个重要的问题我们必须弄清楚，到那时候还有几个人理解这些个发展？我们绝大多数人的脑子是否还能跟得上方方面面的变化？在过去100多万年里，人大脑的发展基本是线性化的。我们对所有的进步都可以进行回归，可以去体会去理解。可是，你们想一想，20年后，30年后，等你们到了我这年龄，62岁，40年之后，中国、世界、地球会是什么样子，我们人类会处于一个什么样的境地。对我来说，你今天没找到工作，或者找到的工作每个月多一千块或一万块钱，真的没有那么重要。

所以，我希望大家努力学习，努力思考，努力地跟上世界的发展，不要只想着眼前那点东西，那不重要。因为最终每个人都会死的，当你死的时候，你身后腰缠万贯也罢，不名一文也罢，都是一样的不重要。但是你活的是否有意义，是否对这个世界有所贡献，让人类的生活变得更美好，是否让你觉得你真正地掌握了自己的命运，这个很重要。所以我说，各位，希望你们不断地学习，希望你们不要停留在眼前的那点小的东西、小的利益、你已经有的那点知识上，一定要往前走。因为将来，在你们的有生之年，人类整个的思维方式、生活方式，世界的运行方式和今天一定会有截然的不同。

最后一点我想说的是，光学习管用吗？有那么多科学狂人，有那么多高智商的疯子要把这个世界变成一个更糟糕的世界。实际上，今天的世界环境跟100年前、200年前相比，已经恶化了很多。所以我们还要有信念。经贸大学的老师常常自豪地说，我们的学生是最有用的学生，因为虽然我们比起有些学校的学生，好像理论上不如他们，可是我们的学生在哪里工作都上手很快，非常有用。这当然很好，没有问题，但不要仅停留在此。你要记着，你之所以有用，是因为这个世界还让你有用。你要成为一个有用的人，首先要做一个有信念的人，要做一个好人。刚才各位老师和刘校长都讲了这个问题，要你们心存感恩，回报社会，把这个世界变得更美好；而不是只为一己私利，狗苟蝇营。我要送给各位的最后一句话：内心强大，直面人生，慈悲为怀，战胜邪恶。

谢谢大家！

在"南桔村"留学

刘宝成

刘宝成，对外经济贸易大学国际经济伦理研究中心主任，北美研究中心主任，全球营销研究中心秘书长，美中文化交流协会主任。

刘宝成博士在美国西东大学获得工商管理硕士和国际商务理学硕士学位，在中国对外经济贸易大学获得国际贸易学士和法学博士学位。曾创立中美国际管理学院并担任院长，兼任中法学院院长及卓越学院副院长。他的研究和教学涉足营销学、经济伦理学、跨文化沟通和商法等多个领域，曾荣获2008年国家优秀教学成果奖。

他参与筹备中国生态文明论坛，定期出席国内外以环境保护和企业社会责任为主题的多种会议，并创建了中法合作的可持续发展硕士教育项目。

刘博士的商业实践涵盖国际贸易、合资企业管理、市场营销

研究和法律服务等领域。由他共同创立的赫宝瑞公司于2006年9月在纳斯达克上市。

刘博士现担任世界经济论坛、考克斯圆桌会议、中国转型经济研究会、中国经社理事会、中国经济伦理学会等多家单位理事，同时担任中国商务部欧洲司、中国外专局顾问以及多家企业顾问。

作为时事评论员，他定期在中央电视台、美国之音、英国广播公司、半岛电视台、新华社《环境》栏目和中国国际广播电视台等公共媒体发表大量独特见解。

美国有个南桔村

我在美国期间求学和工作的地方叫南桔村。不过经验告诉我，倘若走出方圆50里而迷了路，最好不要问去南桔村怎么走，因为大多数美国人都不知道有这样一个地方。于是我就提西东大学，如果他们还是摇头。我有两个补救办法，一是西东大学的"海盗篮球队"，二是西东大学赫赫有名的校友科兹洛夫斯基。

一提起"海盗队"，很多美国人的眼睛就会亮起来，因为"海盗队"曾打过美国大学生篮球联赛前四名，并为美国NBA输送了大量的精英队员，堪称西东大学的一个品牌，很多学生就是冲着它才报考这所大学的。丹尼斯·科兹洛夫斯基是当今商界的风云人物，白手起家建立了一个市现值为930亿美元的经济帝国——"泰科国际公司"，将多年独霸"幸福杂志五百强"榜首的杰克·维尔奇所领导的通用汽车公司远远地抛在了后面，西东大学新落成的商学院大楼就是以他的名字命名的。

位于"花园之州"新泽西州、人口尚不到两万的南桔村东距纽约市仅14英里，西毗爱迪生的家乡西桔村，往东南15分钟就是著名的纽瓦克国际空港和海港。虽然称其为村，其实，在高度工业化的新泽西，我们所想象的农业村落早已成为历史，所以抛开其字面的名称，它应该是一个地地道道的城镇。

像我们时下兴起的大学城一样，南桔村的中心便是西东大学。

西东大学是美国历史上最悠久的私立天主教大学。它是由贝雷主教于1856年创建的，音译"西东"取其姑妈的名字。

创始人的初衷是"为心灵和精神提供一个家园"。因此，西东大学一直保持罗马天主教的传统，提倡个人精神的修炼和人与人之间的关爱。即使在教学楼也设有"祈祷间"，供虔诚的教徒师生在课间祈祷。除了新建的现代式商学院大楼，校园的建筑一般只有两三层高，都是罗马式圆顶拱形建筑。静谧而安详的校园里，常常能听到教堂的钟声。

即使按照美国的标准，学校的收费仍然是偏高的。这恐怕是私立学校的普遍特点。一个本科生每年的学杂开支要接近3万美元。当然，学校就必须回报以相当的价值。

控制师生比例是学校贯彻个性化教学的一项重要内容。全校的师生比例保持在1：14，作为学校的一项政策，每个班级都不超过25人，语言课最多15名学生。如果选课的学生超过了规定的数目，就必须另行开设班级。

在商学院，IBM为每一位学生提供了笔记本电脑，学生可以在图书馆、教室、宿舍甚至校园的空地上随时上网。

1994年落成的威尔士图书馆是西东大学的骄傲。

图书馆专门设有咨询台，任何师生只要向值班的教授说明自己的研究意图，他就会像门诊大夫一样给你开一个"处方"，让你按图索骥即刻拿到想要的资料；或者他亲自带你去胶片室或就近的网络终端，手把手地教你查找。

教授给学生布置的阅读作业一般都交给图书馆的流通台，以便为学生保留规定的书籍；学校第二学期要开设的全部课程目录也摆放在图书馆的流通台，供学生自取。

图书馆还设有会议室、多功能厅、讨论室。对我来说，有两项内容使我受益最大，一是图书馆为教授单独提供的研究室，二是专门的网络检索终端。每个教授都可以申请一个独立的研究室，你可以把所有与研究课题有关的图书资料搜罗在里面，直至研究课题结束为止。

图书馆和各大资料中心通过网络连接起来，为师生提供了广阔的研究空间。仅"威斯特法律网"，每分钟的在线费用高达3美元，如果靠个人付费，这样的检索几乎是无法支撑的。不久前，图书馆又做出了一项令师生振奋的举措。他们把主要的检索引擎和网站分门别类地连接到校园网上，本校师生可以检索到世界上各种文献、阅读最新的期刊。

摩菲先生的"中国屋"

摩菲先生是我在美国促膝长谈的第一个人，因为西东大学为我安排的住处就是他管辖的"中国屋"。老人虽已76岁高龄，满头银发，但面色红润，思维敏捷，谈锋颇健，不像一个普通的看房人。

果然，摩菲先生不但是"中国屋"的捐购者，而且曾多年担任西东大学的校长。1986年，他动用了大部分个人继承的家产和手中可以支配的资金购置了这所二层的红砖别墅，并特意将其命名为"中国屋"。初到美国的中国学生和学者往往经济拮据，而且人生地疏，于是这所房子成为我们"软着陆"的平台。这恰恰是摩菲先生的良苦用心。我们缴的房租，至多只能贴补一部分房屋的维修费用而已。

他后来将"中国屋"捐献给了西东大学，并辟出两间房子作为"亚洲中心"的办公室。据说，"亚洲中心"原名"远东研究中心"，但摩菲先生认为，远东是一个欧洲人过时的概念，而且带有殖民时期的痕迹，所以他力主更改名称。

中国屋的留学生都知道，海军生涯是摩菲先生毕生的骄傲。二战中期，他毕业于海军学院，由于在军中出色的表现，迅速晋升为海军少校，并获得美国总统嘉奖状。有一次，我问他是什么时候参军的，他没有立即回答我，而是马上纠正我说："嘿，那是海军，好吗！"这时我才意识到，在英文里，军队和陆军是同一个词（Army）。

他曾在二战期间随美国军舰到过上海，待命参加在中国的联合抗日行动，虽然没有参加过真枪实弹的战斗，但他亲眼目睹了中国遭受的战乱之苦。旧上海在日寇的铁蹄和炮击之下满目疮痍，百业凋敝，民不聊生。他当时还年轻，总觉得百思不得其解：为什么勤俭持家、与世无争的中国人要遭受外族强加的劫难？为什么世世代代受惠于中国的日本人反而以怨报德，到中国的土地上专横跋扈，烧杀抢掠呢？还有世界上的其他地区，类似的现象始终连绵不断……

对人类问题的思考以及个人家庭的背景促使他在36岁的时候毅然选择了上帝，接受了天主教的洗礼，成为神父。

成为神父并没有解开他根深蒂固的中国情结。第二年，他就到耶鲁大学专攻汉语，继而到玛丽科诺学院讲授中国问题，并担任了哲学系主任。

摩菲神父一生曾40余次到访亚洲，最令他难以割舍的还是浓浓的中国情。虽然公务繁忙，每逢中国节日，他总是不请自到，给每个人带去礼物和欢声笑语。

耄耋之年，他认领一位中国学生作为义子，出资与义子合购了一所住宅，如今当上了幸福的爷爷。

炒美国人的鱿鱼

瑞丽是一个大高个的中年妇女，深蓝色的眼睛和绛黄色的头发告诉我，她是一个典型的爱尔兰后裔。她一生没有出过国门，甚至当我告诉她中国的面积大于美国时，她都感到惊讶不已。对于这样的人，我在美国其实已见怪不怪了。在开始阶段，我们交往和合作还算顺利，所以尽管其他亚洲学生和学者对她颇有微词，我并没有十分在意。

但是，在我提出要将妻子和孩子接到美国团聚的时候，她首先是表示惊愕，然后便断然拒绝，声称西东大学的中国人从来没有这样的先例，很多人形单影只已经很多年，还没有解决跨洋分居问题。

见我仍然没有放弃的意思，她从抽屉了取出一份美国的移民法规，以极快的速度对我宣读。看来她想以语言的优势和自以为是的法律知识来震慑我。

我按捺不住心中的愤懑，站起来打断她说："我找你来不是向你提出申请，因为你现在坐在这里的职责是为我提供服务。美国的移民法是国会制定的，有关学者及其家属的赴美问题是美国新闻署来批准的，签证问题是由驻当地的大使馆核发的，你的工作是为我的家属提供和缮制申请表格。既然我们都领取西东大学的薪水，不同的只是我的工作是教学和研究，那么你现在的工作是为我缮制这张表格，这也算是教授和秘书的分工吧。"

这一番略显挑战意味的道理我表达得流畅清晰，把瑞丽说得瞠目结舌，略带粉刺的脸涨成猪肝色。

为了避免她恶人先告状，我和摩菲神父及其他一些中国教授沟通了情况，并同时也和中国驻纽约总领事馆教育参赞处做了汇报。摩菲神父还为此专门找到大学的校务总长进行交涉。

3个星期过去了，依然没有回音。其他的中国同学开始劝我："算了吧，我们的情况你都知道，比你不知惨多少倍呢！"

我找到我的研究所所长办公室，不巧所长正在华盛顿出差，于是我就让秘书转告她，如果此事在一周内仍无结果，我们就此作别，我要打包回中国了。事后所长告诉我，她当天下午就打电话给瑞丽，威胁她说："倘若我回到大学后发现刘教授已经离开了，我的第一件事是向校长递交辞呈，你也准备另谋高就吧！"

当天我又约见校务总长，校务总长当即打电话给瑞丽。我隐约听到她在电话里申辩："我正准备就刘教授的情况请示您的意见呢。"校务总长当即以命令般的口吻对她说："不用请示了，你可以认为已经批准了！"然后挂断了电话。

第二天我主动打电话给瑞丽，她的态度缓和了许多，但她显然不知道我已经了解了她和校务总长通话的全过程，所以还装腔作势地说："我已经向校方的上级机关做了汇报，情况正在朝积极的方向发展，请您再耐心地等待。"

结果如愿以偿。这件事在留学生中引起了很大反响。尤其是其他遭遇类似情况的受害者纷纷抱怨。

我以"中国学生学者联合会"会长的名义起草了一份控告信，广泛征集亚裔学生和学者的签名，然后呈交给校长。一时之间，一股反种族歧视的浪潮翻动起来，本来交往不多的亚裔学生和学者也空前团结起来。

在众人的压力之下，校方做出决定，宣布辞退瑞丽。

离开西东大学之后，一些同胞告诉我，现在西东大学国际办公室对中国人的态度大有转变。

两年半后，我完成了工商管理和跨国经营两个方向的双硕士学位，回到了祖国。

与竺可桢校长一起三问大学教育

彭笑刚

彭笑刚，纳米材料科学家，浙江大学化学系教授，博士生导师。因10年中所发表研究论文的影响而被确定的全球顶尖一百名化学家榜单，彭笑刚教授名列第八。

大学教育的任务是什么

我在浙江大学任教已经5年了。在这里，最重要的事情之一，是认识了一位朋友，我与他的关系是越来越好。他就是竺可桢校长。我的办公室在玉泉校区，他每次都站在图书馆前面，看着我进进出出，总是问我两个问题：

第一，你到浙大来干什么，第二，你将来要做什么样的人。

大家都知道，在竺可桢校长的领导下，浙江大学被传为"东方的剑桥"，我想干什么呢？我想某一天有人说剑桥是西方的浙大。

竺校长听了我的回答很忧郁，心想浙大怎么找了一个狂人来当教授。他问我，你知不知道浙大现在什么情况？你要怎么干这件事？我说最重要的是要有一支好的教授队伍。他说：现在一些教授"虚荣入骨，实利迷心，只问得失鲜明是非，声名与利益皆不误，高雅与低俗两面风光"。

听了老校长的话，我认真想了想。我说这些教授是"天良犹存、功力亏虚、心智未开、希望犹在"。

竺校长听了后说："希望与绝望仅差一线。勇气、智慧、汗水缺一不可。整天喊口号是没有用的。"因此，他希望和我探讨一些细节，也许是要考校我对大学教学是否有基本的理解。

他说："大学的目的不在使学生得到面包，而在使所得到的面包味道更好。"他问我懂不懂这句话的意思。我说，这个我明白一二。把你这个话翻译成老百姓能听得懂的语言，其实很简单。现代教育的目的首先是"树人"，然后才是"育才"。首先，我们要教育出身心健全、灵魂独立、思想自由的人。

人和才是相统一的。但现在大学教育经常是割裂的，更关心才，这是舍本求末。我们的教育目的不是重在培养人才，不是重在教会学生怎么样挣面包，而是学会怎么样吃面包，学会享受人生。这才是最重要的。

竺校长说，我认为中国大学应该分为研究型大学和教育型大学两类，我们浙江大学的定位是研究型大学。但教育是不是就不要了？我们永远不能忘记大学的根本任务是什么。

我深以为是。中国大学的任务还有很重要的一条，就是引领中国的发展，为人类探索新的生活方式。

中国过去几千年的历史是很有趣的，最开始我们是世界老大，绝对的老大，我们的农耕文明是无法逾越的。但是从鸦片战争开始到甲午战争，我们中国人明白国家已严重落后。现在，我们在试图复制发达国家的生活模式。可能吗？大家想想，美国人占全世界5%的人口，利用了人类地球资源的40%。我们中国占全世界人口大约20%，如果我们真正像美国人一样生活，我们就需要两个地球，所以我觉得这事儿是不靠谱的。

大学的任务一定要探索新的生活方式。

浙大在中国高校中的地位是很令人玩味的。北大、清华，资源多，学校办得红火。他们平时对外交流也方便。但是，关心他们的人太多了。我们浙大，藏在"山野"里，更像是自由生长状态，适合潜心办学。

竺校长说，听说现在中国很浮躁，这事你怎么看？浮躁的环境，对于办好大学应该是很不利的吧？我说，其实没那么恐怖。我们可以这样来描述这个时代：

这是一个最美好的时代，这是一个最糟糕的时代；这是一个最幸福的时代，这是一个最痛苦的时代；这是一个最伟大的时代，这是一个最荒唐的时代。

历史的进程以及后面的结果，取决于谁来做事情，怎么样去做事情。中国现在的状况是几亿农民进了城，要把大学办好，一定要"智慧清零"。脑瓜里决定性思维是农民的底子，办不好大学。

面对不断的"智慧清零"，老百姓怎么能够镇定自如？

当然，"智慧清零"不是说农民的东西、传统文化都不好。"清零"，既不要割断自己的文化根基，同时又把不适合的东西扔掉。

怎样才能教出身心和谐的人

竺校长问我，怎么教出身心健全、灵魂独立、思想自由的人？我的观点，首先要明白一个事实：人活在世上就是要追求个体生活幸福。一个美好社会，就是让尽量多的个体获得幸福。

中国人现在做的事情，最终是要让每一个中国人都有机会生活幸福。每个个体都生活幸福了，那就真正实现了美好社会。

幸福，是欲望与能力的和谐平衡。

没有欲望的人是没有幸福可言的。因此，欲望不但不可怕，而且是个体幸福的根基所在。真正要做的事情，是理解欲望，经历欲望。

欲望和实现欲望的能力，给教育带来两条路。一个是感性教育，一个是理性教育。本质上，两条路子是相通的，绝对只走其中一条很难达到教育目的。

中世纪欧洲的文艺复兴，是人性的觉醒。人类第一次以百姓能够听懂的语言说，凭什么我要听上帝的？凭什么我要听教会的？凭什么我要听帝王贵族的？我就是我，我为自己做主，我对自己的生命负责。这是个体感性的觉醒。

但是，文艺复兴之后欧洲并没有快速发展。欧洲真正的大发展，是在18—20世纪。在17—18世纪，欧洲发生了第二个大事件：启蒙运动。启蒙运动的本质是理性启蒙，而且是科学理性的启蒙。这是非常了不起的事情。

中国最早开始办大学，走了两条稍微不同的路子。一条路，就是蔡元培先生倡导的美术教育，意在直通个体的感性世界。另一条路是竺可桢先生倡导的科学理性教育。蔡先生当时聘请了一大批文学家、历史学家、哲学家和思想家；而当时的浙江大学，竺校长的班底中最骨干的核心，大致是理工科方向的。

我个人认为，这也就是浙江大学的个性所在。由科学理性教育为着力点，而追求人性的发展完善。

通过理性教育达成感性教育，我认为这是可以做到的。一个人形成了理性和追求真理的人生观，自然也就有了反对权威，不人云亦云的个性，培养出专业人士的独特科学视角，以此作为独立人格、独特个性的基础。

从另外一个层面，我认为感性教育是培育良心，而理性教育是发展良知。

教授的职责是什么

竺校长问我，大约100年前，罗素先生对中国学生有个评价：学生热情而又渴望获得知识，但是他们所知不多，缺乏训练，梦想有别人能把知识灌进他们的大脑而自己可以毫不费力。怎么办？

我的回答是："兵熊熊一个，将熊熊一窝"。关键在教授。

很多高校的教授，大多数都想引导学生好好学习。但是，喊口号没有用。课堂目的之一是让学生开眼界。让他们看看世界上、人类历史上有多少人经过好好学习，最后活得多么了不起，过得多么精彩。课堂目的之二，是为学生展示各种精彩灿烂的人生之路，让学生真正认识到，追求精神世界的美妙有路可循。要让学生懂得"书山有路勤为径，学海无涯乐作舟"。只有让学生感受到乐趣，教育这个事情才有希望，也才不违背人生追求幸福的根本。

教授治校到底要干什么？真正的教授治校其实有两个完全不同、但又相关的层面。首先，全体教授一起建设大学，在这个基础上参与学校的决策、行政监督；另外一个层面，是每一个教授个体，主持一个课堂，并参与一个系的治理。

我初来浙大时，曾向校长提出我的计划，至少让我讲5年本科的物理与化学。我想以此为基础，探索一下中国大学的基础教育，但我不会去理会教学大纲，我就按照自己的思路去设定教学路线。

我的课堂我做主。这就是教授治校的最根本所在。只要有良心、有良知，同时有足够的能力，每个教授都主持得好一个课堂。大学的基础教育自然也就上去了。另一方面，一个出类拔萃的教授，也应该会有治校的机会。

教授是实践人生的一种方式。我特别喜欢罗大佑，觉得周杰伦也不错。我们教授跟他们有一样是相同的，那就是都要靠表达来吃饭。

但是，教授和歌手有一个很大的不一样。如果罗大佑在舞台上把歌词唱错了，台下观众可能会不太愿意。我们在大学讲课，没有人希望每次讲得完全一样，我们不需要像歌手那样，连声调都一成不变。

因此，我们的职业比歌手强多了，我们的职业是一个非常有趣的职业。我们每天都有机会表演，但我们的表演大概有一个谱子就行。当然，完全不靠谱是不行的。

每天上讲台不是照着备课笔记念，不是讲PPT（课件）。今天上午下课之前我问学生，中午我要去和浙江大学的青年教授交流，你们希望我带去什么信息？学生的回答五花八门，但有一条是公认的，就是：老师尽量不要念PPT，他们恨死了。

教授如何正确？有一次我去别的高校做报告。讲完之后，有一位知名教授站起来提问：

"你的报告上连化学的鼻祖（吉布斯）都质疑，你让我这个课以后怎么给学生讲？"这个提问，让我有些吃惊。后来一想，这个问题不在我，在他。总想让自己正确，怎么可能？我们对这个世界了解还太少太少，把人类对世界的认识全部加起来，还不及世界的九牛一毛。绝大多数是未知。我们现在知道的，都只是这个世界的一个片面的、暂时的、静止的东西。错是很正常，非常正常的。

那怎么做教育？学生进我的课堂，我的一个任务是颠覆他以往的想法。一个好的课堂，总是能够或多或少颠覆学生原来的想法。

我说出我的想法，你觉得对也好，不对也好，自己判断。科学教育是让受教育者站到"巨人的肩膀上"往前看。科学教育的课堂应该是有个性的，富有生命的。

与此相关，我们现在的学生一堆的"脑血栓"。哪里来的？我们教授要负责任。授课的似是而非，道听途说；听课的信以为真，不加甄别，自然形成了"思维脑血栓"。我们的任务，就像脑科医生，帮他们疏通"脑血栓"。

如果某件事情教授自己没有把握，最好跟学生讲明白具体情况。孟子说："尽信书不如无书。"

我们来看看浙江大学的教授应该是什么样子？我觉得应该有两个特征，学者和教师。首先是一流、二流、三流的学者，再是一流、二流的教师。

什么叫一流的学者？凭一己之力改变人类历史进程，改变了人类对自然看法的人叫一流的学者。现在浙大有没有一流的学者？我认为现在这个时候没有。恐怕，全世界此时此刻也没有。像我这样，勉强能算得上二流。

二流学者就是所谓的学术领袖。我们把一个领域看成一张桌子，二流学者就像桌子的腿，把他的工作从这个领域拿掉，这个领域就塌陷了，这就是学术领袖。三流的学者，就像桌子上一块板子，如果拿掉，桌子功能有损失但大致还在，这是重要贡献者；四流学者是桌上的花，他的存在可能让"桌子"更好看，但没那么重要，没花一样是书桌；四流以下，是不入流的学者，他们是桌子上的灰，去掉这部分人的工作，人类的知识会有大变化吗？没有。

说完学者，我们再来说教授的另一个侧面：教师。一流教师教享福，教享受人生。二流教师教学习方法、思考方法。三流教师教知识。当然了，还有不入流的教师，他们念PPT，背课本。

一些教授问我，彭老师你的课上知识点有没有覆盖好？这不是疯了吗？我要是教知识，还不如朝计算机里打字。计算机能够记录的知识又准确又多。

有一个比较简便的方法，来考察一个教师的工作。那就是，你的课堂有没有给学生留下不可磨灭的精神成长痕迹。一个学生上过你的课、进过你的课堂，他应该与其他人不一样。

我们来总结一下教授的基本特征：他们应该是公民社会的独立个体；现代职业社会的专业人士，热爱教育；见解深刻、自成系统的行业专家；颠覆者和被颠覆者，敢于从零开始。

"浙大能够建成个性丰满的现代大学吗？"针对竺校长的这个问题，我的观点是"能够"。但是，罗马不是一天建成的。

我们现在的国民基础，比竺校长那个时代（20世纪初）要好很多。

中国大学已经经历了三次创业，第一次是晚清到民国之初，由蔡元培先生及如他般的有识之士引入了大学教育的概念。第二次是中华人民共和国成立之初，明确人才培养的重要性，大力发展了理工科基础。第三次是改革开放，确立了科学技术是第一生产力，在培养建设人才的基础上，把现代科学研究做起来了。

我们现在正在做第四次创业。这一次创业，就是回归大学的正道。现代大学的正道，首先是培养身心健全、灵魂独立、思想自由的人，然后是培养各行各业专才和行业领袖的人才。

人间正道是沧桑，但人间只有正道可以致远。

（《中国教育报》2015年5月25日第11版）

名画欣赏

徐悲鸿——《奔马图》

徐悲鸿（1895—1953），江苏人。中国现代画家、美术教育家，被称为中国现代美术教育的奠基者。曾留学法国学西画，归国后先后任教于国立中央大学艺术系、北平大学艺术学院和北平艺专，1949年后任中央美术学院院长。擅长人物、走兽、花鸟，主张现实主义，于传统尤推崇任伯年，强调国画改革融入西画技法，作画主张光线、造型，讲求对象的解剖结构、骨骼的准确把握，并强调作品的思想内涵，以奔马享名于世。1953年9月，徐悲鸿因脑溢血病逝，享年58岁。按照徐悲鸿的愿望，夫人廖静文女士将他的作品1 200余件，他一生节衣缩食收藏的唐、宋、元、明、清及近代著名书画家的作品1 200余件，图书、画册、碑帖等1万余件，全部捐献给国家。

徐悲鸿先生是推动中国画继承、发展和传播的美术教育家，更是将自己的艺术、生活、工作甚至生命，与国家、民族的荣辱融为一体的文化斗士和著名的社会活动家。

马是徐悲鸿绘画的标志性题材，他笔下的马千姿百态，充满着激情和活力。所画奔马，奔腾驰骋，桀骜不凡，自由奔放，欢快振奋，观之令人惊心动魄，在写实之中充满了浪漫主义的风格。

第三单元

"人"是寻求意义的生物

学习要点:

认知人之所以为人的属性;

了解人生的意义及境界,明了"同是人,类不齐"的原因;理解获得幸福和快乐的途径;

树立正确的价值观和人生观和高、远的理想。

导 语

作为造化神功,我们存在于这个世界,并绵延繁衍,与日月同辉;作为自然的高级形式,我们背负着喜怒哀惧爱恶欲,行走在天地万物间,寻求着幸福和生存的价值。

身处滚滚红尘,面对诸多诱惑,我们经常困惑、烦恼,甚至痛苦;世界在飞速前行,我们被裹挟其中,来不及思索,来不及选择,我们的心灵常常失衡而不知所措。什么是幸福?什么是成功?什么样的人生是有价值的人生?

自从有了人类以来,人类就一直在认识自己的进程中。人,在大自然中到底居于什么位置?人是怎样的一种生物?和自然界的其他生物有什么不同?人是怎样的一个类群?在这个类群里为什么"同是人,类不齐"?作为人,我们一面在极小的生活范围里经历,一面在极大的世界范围里旁观;一面在极短的人生岁月中感悟,一面在极长的历史河流中寻找、缅怀。

作为人,我们需要认知作为大自然中以"类"存在的"人",同时还要认知作为独特个体的自我,认知他人,认知由众多人构成的社会,认知我们赖以存在的大自然,认知人与自己、自己与他人、人与外物、人与社会、人与自然的关系,只有这样,我们才能找到自己的定位,才能更好地自处与他处。

由此,认知人的属性非常重要。在人的类群中,我们通常用一些对立的词语,试图将人细分成不同的小类,诸如从社会地位上分出高贵与卑贱,从道德品质上分出善良与邪恶,从心智特点上分出聪明与愚蠢,从世俗功业上分出成功与失败,从生活态度上分出积极和消极,从人情世故上分出练达与迂腐,从生活方式上分出世俗与高雅,等等。然而,这一切还不免流于肤浅,认识人,认识我们自己,应该着眼于更本质的层面——将人放置到自然界中，放置到与其他生物的比照中，放置到自我与他人的关系中，探究人类的特质，探究"人以群分"的究竟，从而反观现实中的自己，找到做人、做成人的途径，实现人生的价值，收获人生的幸福。

文 选

人 性 分 析

郭 枫

郭枫（1933—2006），生于江苏徐州，原名郭少鸣，曾任《新地文学》双月刊社长兼总编辑。高中时代，他在《宝岛文艺》发表长篇叙事诗《北方》即倍受文坛瞩目。1950年到台湾就读台北师大附中，是台湾著名诗人、文学评论家、出版家，也是一位民族意识和传统意识强烈的作家，他常常通过对黄淮平原的回忆，表现出他对故乡的真挚热爱之情。

人是什么?人是神和兽的混合物。神是什么？神是品格最崇高的人。什么叫作"最崇高"？很简单的一句解释就能把意思说完："抱着爱心，愿意为人群牺牲，牺牲个人的名利甚至于生命。"这种品格就是最崇高的品格，这种人，就是神。世界上真有这种人么?当然有!不过并不多见，而在浊世之中尤为难得。举几个大家所熟知的名字：耶稣基督、释迦牟尼、墨子、林肯……，都是神，都是品格最崇高的人。

神的行为方式有种种风貌，他们可能以学问、以宗教、以政治、以各种工作为人群而奉献自己，可是基本上都是从"无私"出发。神和一般人相比，犹如石中之玉。神性的人似乎把人性中最好的成分集于一身，再加上他们有高远的人生识见，于是就造成了品格最崇高的人。可是，神生活在人间的时候，总是平凡得让人不易觉察而不知加以敬重的。

兽是什么?兽是性格最劣等的人。一般人骂缺少人性的人为"禽兽"，其实，真正的禽兽比"性格最劣等的人"还好得多哪!禽兽大多合群，亲子之间的感情很浓，即使为了自卫或生存而有攻击的行动，这种行动还有极限。人呢?假如他丧尽天良就会六亲不认，一切行为以自己的利益为出发点，把自己的快乐建筑在别人的痛苦上，至于大奸巨恶，利用政治权力而危害了整个社会人群，更是把"自私"的劣根性发展到极点。这些性格最劣等的人，不是比禽兽更狠毒凶残么?

神和兽是人类中的两极端。神固然少有，兽也不太多，绝大多数的人，本性是神和兽的混合物。所谓好人和坏人之别，不过是神性和兽性混合的比例不同而已。

正因为人性中有神性的成分，所以人皆有是非之心和羞恶之心，都希望能够"伟大"或"崇高"。正因为人性中有兽性的成分，所以人皆有七情六欲，有自私和贪婪的一面。

我们不必要求别人"十全十美"，那几乎是不存在的一种理想人物。也不应该随便指责别人十恶不赦，往往群起指责的人，并不见得真正罪大恶极。对于一个人的是非之辨，千万不能陷入"善"和"恶"的二分法之中。我们不妨比较一下他的性格所含的神和兽两种成分，假如神性以正数表示，兽性以负数表示，二数相加之后，其总值是正的，他就比较好，其总值是负的，他就比较坏。正值愈大、愈好；负值愈大、愈坏。对于人性分析，这可能是接近真实的考察方法。怎样了解他的神性和兽性呢？别听他的语言，从语意学的观点来论，任何语言都是宣传，愈美的语言宣传的可能性就愈大。我们了解一个人，要看他的生活、行为和动机，从这三方面考察，增进"公益"的就是好，损害了"公益"就是坏，好与坏的分析就是公与私的分别。能够这样考察，无论他说得多么漂亮，也没法子掩盖他内在的真相。

当然所谓善恶或神兽的成分，在人的品格中并不全是天生的，也不是不可改变的。尽量提升人性中神的成分，压抑人性中兽的成分；使公益心为生活的信条，自私心成为无损于人性中的小疵，这应该就是教育工作的主要课题，也是个人修养的基本要求吧。

【阅读提示】

人，到底是怎样的一种生命体？我们常常感慨，人是复杂的，"路遥知马力，日久见人心"；评价一个人，既要看其长处，也要看其短处，"尺有所短，寸有所长"；人又是成长、变化的，有的不断完善，有的沉沦堕落，不一而足。

但，终归人心向善，人们心中都会有一个理想人格——止于至善。

"金无足赤，人无完人"，描述的是"人"的现实状态，那么"人"的理想状态——完美的人又是怎样的呢？即文中所言"神"的境界——拥有最崇高的品格。拥有最崇高品格的人，其本质特点是为人群奉献自身。

而人的异化状态（非人），便是"兽"，其最大特质是一切行为从私利出发，甚至危害公众利益。

作者认为，评价一个人，不能陷入"善""恶"二分法中，对人性的分析，应考量其身上神性和兽性的比例。

教育工作者及至每个人，都应以提升人性中的神性成分，压抑人性中兽性成分为己任，"明明德""亲民""止于至善"。

【讨论思考】

1.如何理解"人是神和兽的混合物"？"神性"、"兽性"分别意指什么？

2.依据作者观点做一下自我分析。

名画欣赏

列宾——《恐怖的伊凡和他的儿子》

伊利亚·叶菲莫维奇·列宾（1844—1930），19世纪后期伟大的俄国批判现实主义画家。

列宾的父亲是一个屯垦军军官。全家人在屯垦地辛勤劳作，童年时期的列宾亲身体会到了生活的贫困和艰难，他也不止一次目睹了囚犯如何被驱赶着从面前经过，这些印象成为他日后创作的素材。

俄罗斯一些具有进步民主思想的写实派画家和雕刻家组成的"巡回展览画派"主张真实地描绘俄人民的历史、社会、生活和大自然，揭露沙俄专制制度。1878年列宾加入该画派，创作了大量现实主义的绘画作品。他的《伏尔加河上的纤夫》是其现实主义绘画杰出的代表作之一，也是画家的成名之作。代表作《索菲亚公主》和《伊凡雷帝杀子》、《查波罗什人写信给苏丹王》表现了悲剧性冲突，刻画了复杂的历史人物精神面貌和心理变化。

画面内容：伊凡雷帝在一次与他儿子争执时，用笏杖猛掷过去，不幸击中儿子头部。这一偶然的暴烈冲动致使儿子送命，伊凡顿悟这绝后的可怕举动，立刻上前搂抱垂死的儿子，睁大恐怖、悔恨交加的双眼。他想求儿子饶恕，兽性和人性同时显在他身上。为了增强画面的恐怖感，画家有意采用了深重的红色调。该画集中刻画伊凡的瘦脸，瞪着两只大眼珠，那种不可逆转的杀子之痛预示着伊凡统治将临灭亡。伊凡四世是俄国历史上第一任沙皇（沙皇即恺撒之意），16世纪俄罗斯的专制统治者。他生性残暴，17岁时杀死握有实权的摄政王，自立为帝。曾毫不留情地屠杀所有反对他的政敌，镇压叛乱、绞死主教，最终失手杀死自己的亲生儿子。但是从历史角度看，他在统一和治理国家等方面建有卓越功勋。这个政权是建立在恐怖基础上的，所以世称他为"伊凡雷帝"即"恐怖的伊凡"。

人是寻求意义的生物

秦光涛

我们知道，山石草木、风花雪月存在着，运动着，但是它们并不自知自己的存在，更不会追求存在的意义。虫鱼鸟兽也存在着，活动着，但是它们也不自思自己的存在，不去寻求存在的意义。它们彼此之间传递着各种信息，但这些信息还不是意义。

唯有人有所不同。人不但存在着，而且不断寻求着存在的意义，创造着存在的意义。对存在的意义的不同理解，还会导致人的不同的存在。

人寻求自身的意义，也寻求一切事物的意义。从这一点来看，我们不妨说，人是寻求意义的生物。

其实，这一点在日常生活中也很容易被发现。人在世界上生活着，奋斗着，追求着，表面上看，和动物一样，也在同各种各样的物质打交道，然而，实质上是不同的。动物所需要的，只是各种物质性东西本身；人所追求的，则往往是这物质性东西所具有的意义。以动物的眼光来看人，一定觉得很滑稽：人为什么会放着一大堆球不动，十来个人去争夺一个球，而且还会有成千上万的人围坐在高台上目不转睛地观看着，并且一阵铺天盖地的欢呼之后，那个球反而被扔在一边，没人理没人要了？

人们追求物质，往往是追求它所具有的意义。因此，意义的改变，常常引起人们对它的态度的转变。一则外国幽默描述了一位深谙人类这种本性的剧院经理：剧院中的女士们不肯摘下她们用来表示阔绰高雅、身份不凡的大沿帽，害得后面的观众看不到舞台，经理灵机一动，宣布说："请女士们脱帽，有病者或年老者可以例外。"这样一来，帽子就全不见了。剧院里戴帽子不再是身份不凡的表示，反而成了有病或年老的标志，那么还有谁不愿意脱下它呢?

有时，人们为了强调人的物质性，常常把人和外物的关系简单地归纳为物质和物质的关系。这种还原论的观点，实际上是把人只看作了物，抹杀了人之所以为人的本性。一只猫，生下来就是一只猫，不需要再学习怎样做猫，本能就可以支配它追求什么，回避什么。而人则不然。人生下来并不就是一个人，它需要学习怎样做人才能成人。他必须通过学习，才能知道：自己应该追求什么，回避什么；什么是善的；什么是恶的；什么是美的，什么是丑的；什么是真的，什么是假的。饥饿的动物看见食物只知道吃，而人则需弄清食物的意义，所谓"廉者不受嗟来之食"[①]，说的正是这个道理。人与事物之间，是通过意义而发生联系的。人追求事物的意义，在对意义的追求中实现自己，因而人在生物学上可以被看作一个未完成的生物，他必须在后天的文化环境中通过意义的引导，表现出人的主体性行为。

当然，我们也可以说，一切事物都有意义。一只猫活着可以捉老鼠，可以供人玩耍，它的各种叫声可以表达不同状况与要求，熟悉自己所养的猫的主人，可以从猫的一举一动中分辨出各种不同的意义。然而这一切其实都是猫的存在本身所具有的东西，不是它利用自己的存在所追求和创造的意义。

人的生存与此不同。人不能单纯地满足于活着，也就是不能单纯地满足于活着所具有的各种自然意义。所谓人不肯白白地活着，就是说人总要利用活着这个前提，创造出与单纯地活着不同的东西。人活着，就像拥有一定数量的颜料或墨汁，而生活，就是要利用这些东西涂写成图画或文字。当生命的颜料耗尽之时，只有有意义的画面才是图画，无意义的画面仍不过是一堆颜料而已。

由于人是寻求意义的生物，比其他生物多了这样一重本性，所以人的生存条件也与其他生物不同。人不仅需要一定的物质环境，而且需要一定的意义环境。所谓意义环境，就是指人能与周围进行意义交换，能够寻求意义，创造意义的条件，离开这一条件，仅仅满足人的动物性需求，人将难以存活下去。人要活得有意义，就是要通过活的过程，创造出某种比活更伟大、更崇高的东西。

追求生命之外的某种东西，为高于自身生命的意义而生活，可以产生某种比生命本身更强大的力量来支持人的生命，缺少这种支撑，单纯为了活着而活着，人的生命很容易枯萎。从这个意义上说，人活着之所以一定要寻求意义，创造意义，并不一定是世界上真有什么东西逼迫着人们去追求，去创造，而是不这样做，人就很难活下去。

寻求意义、创造意义构成人类生活的一个必不可少的基点，人类生活的其他方面都莫不与此相关。

也许有的人会说，人生寻求的不是意义，而是快乐，只要听凭快乐的指引，就会领悟到生活的真谛。这种说法也有一定道理。避苦趋乐，也是人之本性；缺少这种本性，人人自讨苦吃，世界也会变得可笑。然而，人怎样才能获得快乐呢?人所要寻求的快乐与动物所追求的感官上的快感有什么区别呢?

笼中的小鸟，只要让它吃饱喝足，它便会高兴地唱起来，并不追问这些吃喝是怎么来的，自己身在何方。然而，人却不同。倘若人意识到自己眼前的享受是用牺牲了自由换来的，那么，即使吃的是山珍海味，也会有如鲠在喉[②]之感。我们可以看到，在一段时间里所掀起的拜金狂热中，不少人认定钱能给人以快乐，便拼命去抓钱。然而，钱到手后是否一定快乐呢?这就要看这些钱的意义是什么了。你为弄这些金钱牺牲了什么，这些金钱就永远揭示着你这方面的缺憾。倘若一个人为了金钱而牺牲了爱情、事业或理想，那么，这些金钱就永远揭示着你的这些牺牲。人生有许多损失是金钱所无法弥补的。在这种情境中，即使是一掷千金的无度挥霍，也难以掩盖因失去爱情、理想或事业所引起的痛苦。因为人毕竟是人，只要他还没有完全异化为经济动物或赚钱的机器，金钱本身便不能直接使他快乐。

在人的生活中，每种东西都是作为一种意义的载体出现在人面前的。这种东西对人究竟意味着什么，能否使人快乐，值不值得去追求，都要视一个人对生活的意义的理解而定。人感觉到快乐的前提，必须是人感觉到它对生活有意义。只有有意义的东西才能使人快乐。快乐不能直接去寻求，它只能体现在有意义的活动中，是活动成功的一种副产物。把快乐当成直接的目的去寻找快乐的人，到时可能感觉不到快乐，因为人无法享受无意义的快乐。这一点，正如爱因斯坦所说，"认为自己的生命无意义的人，不只不快乐，而且根本不适合生活。"

美国精神分析学家、意义治疗学派的创始人弗兰克把这个问题分析得更彻底，他在《求意义的意志》一书中说："分析到最后，快乐原则就是自我欺骗。人越走向快乐，目的就越迷失。换句话说，'追求快乐'反而不能得到快乐。这种追求快乐的自我欺骗的特质，可以在许多心理病态中发现。"他认为，当今世界人们充满了厌倦和麻木不仁，也充满了空虚和无意义的感觉，而这种存在的真空，生活意义的丧失，已经成为今日的大众精神病。

人类追求意义，就是在追寻自己，实现自己的本性，而整个人类文化的创造，就是人对人类自身主体性的培育和引导。任何一个国家，一个民族，如果失去了通过不断创造新意义、改造旧意义来引导人们的追求方向的文化调整能力，其后果将是可悲的。在中国当前新旧经济体制交替的时代，恐怕更是如此。

看到这一点，我们不能不为当前社会生活中许多方面和许多人的意义的丧失和迷惘感到担忧。商品经济所引导的人对财富的追求，虽然可以激发出经济上的活力，但却弥补不了人心灵上的空虚。如果人们经受不住意义变化所引起的震荡和冲击，难免会出现人心冷漠的趋势。那么，意义究竟是什么？它怎样影响社会和人生？人应该怎样追求意义，创造意义？要了解这些问题，我们不妨在思想上推开一扇新窗，观看一下我们先前很少顾及的意义世界。

【注释】

①廉者不受嗟来之食：出自《礼记·檀弓下》。原指悯人饥饿，呼其来食。后多指侮辱性的施舍和用不正当的手段获得的财富。嗟，不礼貌的招呼声，相当于现代汉语中的"喂"或"哎"。

②如鲠在喉（rú gěng zài hóu），意为鱼骨头卡在喉咙里。也用来比喻心里有话没有说出来，非常难受。

【阅读提示】

当下，商品经济引导下，人们对财富的追求空前高涨，但我们发现，经济活力倍受激发的同时，人们却陷入了心灵上的空虚，财富没能提升快乐指数，却出现了人心冷漠的趋势。人们越来越感到了迷茫——贫穷让我们没有生存的安全感，可富足也没能让我们产生相应的幸福感。人，和其他生物有什么不同，和物质世界到底是怎样的关系，怎样才能获得人生的快乐？

人是区别于其他生物的，人的生活有两个世界，一个是物质生活（活着），一个是精神生活，而精神生活恰恰是区别于其他生物的本质之处：

人是寻求意义的生物——寻求自身的意义，寻求一切事物的意义（包括物质生活中各种物质的意义，如饮食可以发展成文化，衣着可以发展成服饰文化，花草树木日月星辰也都被赋予某种意义，等等。）。

人生下来只是一个未完成的生物，还不是完全意义上的人，它需要学习怎样做人才能成为"人"；人不能单纯地满足自然意义上的"活着"，而是要学会有意义地"生活"，寻求意义、创造意义是人生存的必需。

快乐，是人所向往的一种心理和精神状态，但快乐不能直接去追求，它只是活动成功的一种副产物，它只能体现在有意义的活动中，所谓"劳动并快乐着"、"创造并快乐着"。

当前社会生活中，许多方面，许多人丧失了对意义的追寻，从而变得迷惘、困惑，商品经济引导人们追求财富，但却造成了人们心灵上的空虚、人心的冷漠。这可视为"人"的异化——为物所御，甚至为自己的创造物（如房子、车子、票子等等）所御，没有了精神上的追求，违背了人之为人的核心本质。

【讨论思考】

1. "人不但存在着，而且不断寻求着存在的意义，创造着存在的意义。对存在的意义的不同理解，还会导致人的不同的存在。"谈谈对这段话的理解。

2. 人和其他生物的区别是什么？

3. 快乐是人追求的目的吗？怎样获得人生的快乐？

名画欣赏

约翰·埃·密莱——《盲女》

约翰·埃·密莱（1829—1896），生于英国南安普敦。父亲为当地有名望的人物，酷爱绘画。密莱8岁全家迁居伦敦。9岁被送入萨斯领导的绘画学校。密莱是"拉斐尔前派协会"的奠基人之一。密莱交游广阔，善于人际关系。1885年获得男爵称号。晚年又被皇家美术学院推选为院长。1896年因患喉疾在伦敦去世，享年67岁。

密莱一生的作品大多是描绘社会下层人民生活的，在他的作品中，往往透出一种浓厚的伤感情绪，这也许与画家对不幸的人们的同情和对现实感到无望有关。这种伤感在其最著名的作品《盲女》有明显的表现。

这一幅画实际上就是英国农村现实一角的风俗画，揭示了当时英国农村的生活。

画家试用图细节来展示人物的生存状态，画上是一幕雨过天晴的自然景色，远景小道的牛羊，近处起落的飞鸟，披肩上的蝴蝶，无论画中人物，还是我们，似乎嗅到了新鲜的空气，听到了原野里生灵的声音。在前景上画了两个相依为命的穷女孩。其中一个是盲女，另一个更小的女孩紧紧依偎在盲女怀里，一边抬头在观看天上的彩虹，一边在给盲女讲解她所无法领受到的大自然的美丽。从衣服的补丁和盲女的小手风琴，既是两个穷苦孩子命运的痕迹，又流露出对生活的希望与未来的憧憬。

人生的意义及人生中的境界

冯友兰

冯友兰（1895—1990），字芝生，河南南阳唐河人。1912年入上海中国公学大学预科班，1915年入北京大学文科中国哲学门，1919年赴美留学，1924年获哥伦比亚大学博士学位。回国后历任中州大学、广东大学、燕京大学教授、清华大学文学院院长兼哲学系主任。抗战期间，任西南联大哲学系教授兼文学院院长。1946年赴美任客座教授。1948年末至1949年初，任清华大学校务会议主席。曾获美国普林斯顿大学、印度德里大学、美国哥伦比亚大学名誉文学博士。1952年后一直为北京大学哲学系教授。

何谓"意义"？意义发生于自觉及了解；任何事物，如果我们对它能够了解，便有意义，否则便无意义；了解越多，越有意义，了解得少，便没有多大的意义。何谓"自觉"？我们知道自己在做一种事情，便是自觉。人类与禽兽所不同的地方，就是人类能够了解，能够自觉，而禽兽则否。譬如喝水吧，我们晓得自己在喝水，并且知道喝水是怎么一回事；可是兽类喝水的时候，它却不晓得它在喝水，而且不明白喝水是一回什么事，兽类的喝水，常常是出于一种冲动。

对于任何事物，每个人了解的程度不一定相同，然而兽类对于事物，却谈不到什么了解；例如我们在礼堂演讲，忽然跑进了一条狗，狗只看见一堆东西，坐在那里，它不了解这就是演讲，因为它不了解演讲，所以我们的演讲，对于它便毫无意义。又如逃警报的时候，街上的狗每每跟着人们乱跑，它们对于逃警报，根本就不懂得是一回什么事，不过跟着人们跑跑而已。可是逃警报的人却各有各的了解，有的懂得为什么会有警报，有的懂得为什么敌人会打我们，有的却不能完全了解这些道理。

同样的，假如我们能够了解人生，人生便有意义，倘使我们不能了解人生，人生便无意义。各个人对于人生的了解多不相同，因此，人生的境界，便有分别。境界的不同，是由于认识的互异；这，有如旅行游山一样，地质学家与诗人虽同往游山，可是地质学家的观感和诗人的观感，却大不相同。

人生的境界，大体上可分为四类：（一）自然境界——最低级的，了解的程度最少，这一类人，大半是"顺才"或"顺习"（二）功利境界——较高级的，需要进一层的了解。（三）道德境界——更高级的，需要更高深的理解。（四）天地境界——最高的境界，需要最彻底的了解。在自然境界中的人，不论干什么事情，不是依照社会习惯，便是依照其本性去做，他们从来未曾了解做某种事情的意义。往好处说，这就是"天真烂漫"，往差处说便是"糊里糊涂"。他们既不懂得为什么要这样做，又不明白做某种事情有什么意义，所以他们可说没有自觉。有时他们纵然是整天笑嘻嘻，可是却不自觉快乐。这，有如天真的婴孩，他虽然笑逐颜开，可是却一点都不觉得自己快乐，两种情况，完全相同。这一类人，对于"生""死"皆不了解，而且亦没有"我"的观念。功利境界中的人，对于人生的了解，比较进了一步，他们有"我"的观念，不论做什么事，都是为着功利，为着自己的利益打算。这一批人，大抵贪生怕死。有时他们亦会为社会服务，为国家做点事，可是他们做事的动机，是想换取更高的代价，表面上，他们虽在服务，但其最后的目的还是为着小我。在道德境界中的人，不论所做何事，皆以服务社会为目的。这一类人既不贪生，又不怕死；他们晓得除"我"以外，上面还有一个社会，一个全体。他们了解个人是社会的一部分，个人与社会是部分与全体的关系。就普通常识来说，部分的存在似乎先于全体，可是从哲学来说，应该先有全体，然后始有个体。例如房子中的支"柱"，是有了房子以后，始有所谓"柱"，假使没有房子，则柱不成为柱，它只是一件大木料而已。同样，人类在有了人伦的关系以后，始有所谓"人"，如没有人伦关系，则人便不成为人，只是一团血肉。不错，在没有社会组织以前，每个人确已先具有一团肉，可是我们之成为人，却因为是有了社会组织的缘故。道德境界中的人，很清楚地了解这一点。天地境界中的人，一切皆以服务宇宙为目的。他们对生死的见解，既无所谓生，复无所谓死；他们认为在社会之上，尚有一个更高的全体——宇宙。科学家的所谓宇宙，系指天体，太阳系及天河等，哲学家的所谓宇宙，系指一切，所以宇宙之外，不会有其他的东西，我人绝对不能离开宇宙而存在。天地境界的人能够彻底了解这些道理，所以他们所做的事，便是为宇宙服务。

中国的所谓"圣贤"，应该有一个分别，"贤"是指道德境界的人，"圣"是指天地境界的人。至于一般的芸芸众生，不是属于自然境界，便是属于功利境界。要达到自然境界或功利境界非常容易，要想进入道德境界或天地境界却需要努力，只有努力，才能了解。究竟要怎样做，才算是为宇宙服务呢？为宇宙服务所做的事，绝对不是什么离奇特别的事，与为社会服务而做的事，并无二致。不过所做的事虽然一样，了解的程度不同，其境界就不同了。我曾经看见一个文字学的教授，在指责一个粗识文字的老百姓，说他写了一个别字。那一个别字，本来可以当作古字的假借，所以当时我便代那写字的人辩护。结果，那位文字学教授这样的回答我："这一个字如果是我写的，就是假借，出自一个粗识文字的人的手笔，便是别字。"这一段话很值得寻味，这就是说，做同样的事情，因为了解程度互异，可以有不同的境界。再举一例：同样是大学教授，因为了解不同，亦有几种不同的境界：属于自然境界的，他们留学回来以后，有人请他教课，他便莫名其妙的当起教授来，什么叫作教育，他毫不理会；有些教授则属于功利境界，他们所以跑去当教授，是为着提高声望，以便将来做官，可以获取较高的职位；另外有些教授则属于道德境界，因为他们具有"得天下英才而教育之"的怀抱；有些教授则系天地境界，他们执教的目的，是为欲"得宇宙大才而教育之"。在客观上，这四种教授所做的事情是一样的，可是因为了解的程度不同，其境界自有差别。

《中庸》有两句话："圣人可以赞天地之化育，可以与天地参矣。"①所谓"赞天地之化育"并不是帮助天地刮风或下雨，"化育'是什么？能够在天地间生长的都是化育，能够了解这一点，则我们的生活行动，都可以说是"赞天地之化育"，如果不明白这一点，那么我们的生活行动，只能说是"为天地所化育"。所谓圣人，他能够了解天地的化育，所以始能顶天立地，与天地参。草木无知（不懂化育的原理），所以草木只能为天地所化育。

由此看来，做圣人可以说很容易，亦可以说很难。圣人固然可以干出特别的事来，但并不是干出特别的事，始能成为圣人。所谓"迷则为凡，悟则为圣"②，就是指做圣人的容易，人人可为圣贤，其原因亦在于此。

总而言之，所谓人生的意义，全凭我们对于人生的了解。

【注释】

①圣人可以赞天地之化育，可以与天地参矣。出自《中庸》。意思是能够让万物充分实现天性，就可以赞助天地化育为物；可以赞助天地化育为物，就可以跟天和地并列为三了。

②迷则为凡，悟则为圣：是指做圣人的容易，人人皆可成为圣人。

【阅读提示】

芸芸众生，"同是人，类不齐，流俗众，仁者稀"，为什么呢？

冯友兰先生认为，因各人对人生的了解多不相同，人生的境界便有分别。作者将其归为四类：自然境界，功利境界，道德境界，天地境界。流俗者，多处于自然境界和功利境界，而仁者则处于道德境界乃至天地境界。

眼睛只看到自己的生活，只知道人要活着而不知道为什么活着，因其对人生的认知极其有限，只了解了如同其他动物的一面，自然其处于自然境界；当一个人认为人不仅仅要活着，还有了一点追求，这追求仅限于自私的目的，或名或利，那这个人的境界就上了一个层次，进入功利境界；一个人了解到人的社会属性，追求为他人、为更多的人服务，体现了作为人的崇高性，那么这个人就已然上升到了道德境界；而天地境界的人，看到的、了解到的是广阔的宇宙，是天地人运行的规律，通晓的是天道地道和人道，这类人因其对宇宙整体的认知而进入天地境界，成为圣人。

我国传统文化中的教育目的，是让受教育者成为"君子""仁者"，即成为道德境界、天地境界的人。

作者认为达到自然境界和功利境界非常容易，所谓"流俗众"源出于此；而进入道德境界和天地境界却有一定的难度，需要努力，需努力"格物致知""诚意正心"，了解人生，正确选择，所以"仁者稀"。但理论上讲人人皆可成为圣贤，"迷则为凡，悟则为圣"，圣与愚全凭我们对人生的了解程度。

【讨论思考】

1.人生的意义是什么？人生有几重境界？自我解剖一下，自己处于哪种境界？

2.举例诠释人的四种境界。

案例讨论

学习冯友兰先生《人生的意义及人生中的境界》，从周文雍、陈铁军二人的事迹判断他们当属于哪个境界的人？为什么？陈铁军的思想境界有过什么样的变化？反思当下自己处在人生境界的哪个层次？为什么？

刑场上的婚礼

　　1928年2月6日，在广州红花岗畔的刑场上，两个青年男女革命者，面对敌人的枪口，从容不迫地举行结婚典礼。就是广州起义行动委员会负责人之一周文雍同志和当时中共两广区委妇女委员陈铁军同志。

　　陈铁军出身于华侨商人家庭，在"五卅"运动革命浪潮的冲击下，她由一个追求个人上进的大学生，转变为关心国家、民族前途，积极参加进步活动的革命者，并于1926年加入了共产党。1927年，蒋介石在上海发动"四一二"反革命政变后，广州也发生了"四一五"反革命事件，白色恐怖笼罩着广州。这时党派她协助周文雍同志工作。周文雍是中共广州市委工委书记，正夜以继日地准备武装起义，反抗国民党的屠杀政策。因为工作需要，党指示周文雍和陈铁军合租一个房子，建立秘密联络点。为了掩护工作，他们假称夫妻，秘密进行活动。对党的忠诚，对人民的热爱，工作上的互相帮助和生死与共的斗争，把这两个年轻人紧紧地联系在一起。但在当时，他们都以事业为重，顾不上谈个人的爱情。

　　1927年爆发的广州起义失败后，广州陷入敌人大屠杀的血海之中。积极参加这次起义的周文雍和陈铁军，在起义失败后，继续在广州坚持地下斗争。由于叛徒的出卖，两人同时被捕入狱。在狱中，他们不屈不挠，坚持斗争。周文雍在墙上写下了这样的诗篇："头可断，肢可折，革命精神不可灭。壮士头颅为党落，好汉身躯为群裂！"

　　1928年2月6日，周文雍和陈铁军被敌人押上刑场。两位烈士态度从容，昂首挺胸，高唱《国际歌》。在广州红花岗刑场上，陈铁军向周围的群众宣布："我们要举行婚礼了，让反动派的枪声来作为结婚的礼炮吧！"一对革命情侣，就以这样的英勇气概慷慨就义了。

拓展阅读

人生的意义与价值

季羡林

　　当我还是一个青年大学生的时候，报刊上曾刮起一阵讨论人生的意义与价值的微风，文章写了一些，议论也发表了一通。我看过一些文章，但自己并没有参加进去。原因是，有的文章不知所云，我看不懂。更重要的是，我认为这种讨论本身就无意义，无价值，不如实实在在地干几件事好。

　　时光流逝，一转眼，自己已经到了望九之年，活得远远超过了我的预算。有人认为长寿是福，我看也不尽然。人活得太久了，对人生的种种相，众生的种种相，看得透透彻彻，反而鼓舞时少，叹息时多。远不如早一点离开人世这个是非之地，落一个耳根清净。

　　那么，长寿就一点好处都没有吗？也不是的。这对了解人生的意义与价值，会有一些好处的。

根据我个人的观察，对世界上绝大多数人来说，人生一无意义，二无价值。他们也从来不考虑这样的哲学问题。走运时，手里攒满了钞票，白天两顿美食城，晚上一趟卡拉OK，玩一点小权术，耍一点小聪明，甚至恣睢骄横，飞扬跋扈，昏昏沉沉，浑浑噩噩，等到钻入了骨灰盒，也不明白自己为什么活过一生。

其中不走运的则穷困潦倒，终日为衣食奔波，愁眉苦脸，长吁短叹。即使日子还能过得去的，不愁衣食，能够温饱，然而也终日忙忙碌碌，被困于名缰，被缚于利索。同样是昏昏沉沉，浑浑噩噩，不知道为什么活过一生。

对这样的芸芸众生，人生的意义与价值从何处谈起呢？

我自己也属于芸芸众生之列，也难免浑浑噩噩，并不比任何人高一丝一毫。如果想勉强找一点区别的话，那也是有的：我，当然还有一些别的人，对人生有一些想法，动过一点脑筋，而且自认这些想法是有点道理的。

我有些什么想法呢？话要说得远一点。当今世界上战火纷飞，人欲横流，"黄钟毁弃，瓦釜雷鸣"，是一个十分不安定的时代。但是，对于人类的前途，我始终是一个乐观主义者。我相信，不管还要经过多少艰难曲折，不管还要经历多少时间，人类总会越变越好的，人类大同之域决不会仅仅是一个空洞的理想。但是，想要达到这个目的，必须经过无数代人的共同努力。有如接力赛，每一代人都有自己的一段路程要跑。又如一条链子，是由许多环组成的，每一环从本身来看，只不过是微不足道的一点东西；但是没有这一点东西，链子就组不成。在人类社会发展的长河中，我们每一代人都有自己的任务，而且是绝非可有可无的。如果说人生有意义与价值的话，其意义与价值就在这里。但是，这个道理在人类社会中只有少数有识之士才能理解。鲁迅先生所称之"中国的脊梁"，指的就是这种人。对于那些肚子里吃满了肯德基、麦当劳、比萨饼，到头来终不过是浑浑噩噩的人来说，有如夏虫不足以与语冰，这些道理是没法谈的。他们无法理解自己对人类发展所应当承担的责任。

话说到这里，我想把上面说的意思简短扼要地归纳一下：如果人生真有意义与价值的话，其意义与价值就在于对人类发展的承上启下，承前启后的责任感。

1995年

幸福、献身和意义

【美】霍华德·加德纳

霍华德·加德纳，当代世界著名心理学家和教育学家，1942年出生于美国宾夕法尼亚州，1965从哈佛学院本科毕业后曾在英国伦敦经济学院学习一年，1971年在哈佛大学获博士学位。现任美国哈佛大学教育研究院心理学教授、教育学教授。因1983年创建多元智能理论，被誉为"推动美国教育改革的首席科学家"而名扬世界，足迹遍及五大洲，获得了众多的荣誉。20世纪80年代曾应教育部、文化部的邀请，四次来华访问讲学，多元智能理论在中国也有非常广泛的影响。

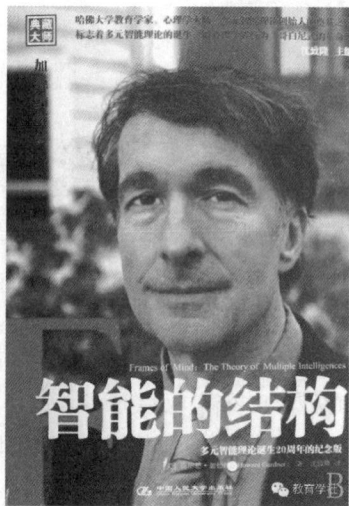

　　假如今天的青年人没有被当前广为流行的那种"追求幸福"的幼稚解释所迷惑的话，他们可能会更加容易理解"献身"在生活中的地位。任何一个人，只要他在智力和道德的发展上已经超过刚刚出生三个星期的婴儿，就不大可能真正接受当代关于幸福的观念。我们这样说并不见得过分苛刻。从亚里士多德到杰弗逊，所有曾经认真思考过人类幸福的人，一旦发现人们今天对这个字眼儿的解释时，肯定都会大吃一惊。

　　人不可能让自己沉湎于当代幸福观所暗示的那种单调枯燥的生活状态，这是一个简单的真理。虽然人们普遍认为满足、悠闲、舒适、娱乐和达到全部目的就意味着幸福，但事实恰恰相反，这一切并没有给人带来幸福。尽管经过了有史以来最狂热的努力，美国人并没有捉住幸福的青鸟。其原因在于：使人能够充分满足的幸福并不是一种人们可以渴求的生活状态。我们运用了空前未有的动力，结果却获得这样一种静止呆板的状况，这本身就是一种嘲讽。

　　一个穷困的国家可能抱有这样的错误想法，即认为幸福仅仅是舒适、快乐和拥有足够的各种物质。但是我们已经尝试过了，所以我们知道得更清楚。

　　任何人都可以接受上述事实，同时又不必低估生活中使人感到快乐的东西。对于那些劝告穷人应当满足于贫穷或者对饥者宣扬饥饿使人高尚的道学家，人们理所当然要表示怀疑。每一个人都应该有机会享受美好生活给人带来的舒适和愉快，但我们在这里所要指出的是，仅仅这些是不够的。假如舒适和快乐的生活就足够了的话，那么有不少的美国人应当说是极度幸福了。在历史上，还从未有过像美国人这样普遍地沉溺于自己的幻想。他们应当相互诉说自己的安宁的喜悦，而不是像他们现在这样彼此交换镇剂的药方。

　　这样，我们就达到一种与小说鼓吹的见解根本不同的幸福观。小说宣扬的是满足欲望，而我们这种更正确的幸福观是指，人们埋头有意义的目标而进行的艰苦奋斗。这些目标使个人与更广泛更远大的人生目的联系起来。小说所说的幸福不过是乏味的无所事事，而正确的观点则是孜孜不倦地追求和有目的地努力。小说的幸福包括各种形式的百无聊赖的愉快，而真正的幸福却是指一个人能够充分发挥自己的力量和才能。这两种幸福观都包括爱情，不过小说强调的是被爱，而正确的观点则更强调能爱。

　　我们这种更加成熟和更有意义的观点揭示出了这样一种可能性，即一个人在致力于履行其道德责任时也可能获得幸福。这种情形绝不可能在那些受到当前的幸福观影响的人身上出现，除非他们的道德责任碰巧是异乎寻常的有趣。

　　请注意，我们在说到那种因朝着有意义的目标奋斗而产生的幸福时，我们并不是说一定要达到这些目标。人类某些奋斗的特点正是在于其目标是不可能实现的。那些为建立一个理想政权或者为战胜人间疾苦而献身的人，可能也会享受到一些小小的胜利。但他们不可能赢得长期的斗争。目标会在他们的面前向后退去，始终是可望而不可即。正如奥尔波特所说，这样的奋斗"赋予人格以稳定不变性，但这绝不是达到目的后产生的稳定不变性，不是静谧安适所不来的稳定不变性，也不是紧张减轻后所导致的稳定不变性"。

　　正因为如此，富有自我更新精神的人从不感到自己已经达到目的。他明白，真正重要的事业是不可能完成的，可能有间断，但绝不会有终点。一切有意义的目标都会随着人向它们的迈进而往后退去。那些自以为已经达到目标的人恰恰是丧失了目标，或许他们一开始就没有什么目标。

　　人们普遍认为，处于自然状态的人只愿意从事那些对于满足生理需求来说是必要的活动，但是，每一个人类学家都可以证明这种看法并不正确。原始人对于他所属的社会群体和他所承认的道德秩序有着强烈的义务感。人类一定在人为的文明大染缸中经过相当时间的浸泡后，才可能想象得出只有那种沉迷于生理满足的生活方式才是完美无缺的。

任何头上长着眼睛的人都能够看到，大多数人（包括男人和女人）为了一个有意义的目标，都愿意承担艰难困苦，而且他们也确实这样做了。事实上，他们常常为了自己的信仰而承受苦难。蒙田写道："安适会使美德落空，美德只有在充满荆棘的崎岖小道上求得。"

这并不是说，人们所抱有的任何超越自我需要的目的都一定能得到我们的赞同。这些目的可能具有最高的理想主义特征，但也可能是残酷的，甚至是邪恶的。这是我们讨论的问题的一个突出特点。如果我们错误地以为人只需要满足其物质需求而不给他提供任何有意义的东西，那么他就会轻率地抓住出现在面前的头一个"有意义的东西"，不管它是多么肤浅和愚蠢。他可能献身于虚假的神明、毫无理性的政治运动、狂热的崇拜和一时的风尚。因此，如何把人的献身精神引导到有价值的对象上，这一点至关重要。

如果认为人是无私的生物，只希望服务于高尚的理想，那也是错误的。我们已经反对了那种把人性看作是一味追求物质享受的、自私自利的过分简单的观点，但我们也不能陷入另一种相反的错误中。人是一种复杂而矛盾的存在。他以自我为中心，但又不可避免地要与自己的同类交往。他是自私的，但他又可以做到最高的无私。他为自身的需要所控制，但又发现只有使自己与自身需要以外更广泛的东西联系起来，他的生活才会有意义。这是人的自我中心主义和道德倾向之间的紧张冲突。正是这种冲突给人类历史增添了不少戏剧色彩。

重于生命的自由

一 然

"生命诚可贵，爱情价更高。若为自由故，两者皆可抛！"匈牙利爱国诗人裴多菲的这首《自由与爱情》大概是最为国人熟知的外国诗歌了。在那些黑暗、残酷的岁月里，诗人对自由的向往激励着无数进步青年朝着理想奋勇前进。可究竟什么样的自由，会比生命更宝贵、更重要？

自由，是人类最古老的追求。毫不夸张地说，人类的发展史，就是一部追求自由的奋斗史。为了从自然的束缚中解脱出来，人类发明了工具、形成了社会；为了从人身依附中解放出来，奴隶们拿起武器，推翻了奴隶主；为了从土地的禁锢中解脱出来，佃农们掀起革命洪流，砸碎了封建的镣铐。古今中外，有关自由的论述汗牛充栋："夫至德之世，同与禽兽居，族与万物并，恶乎知君子小人哉！"这是庄子眼中的自由；"人生而自由，却无往不在枷锁之中。"这是卢梭眼中的自由；"贪安稳就没有自由，要自由就要历些危险，只有这两条路。"这是鲁迅眼中的自由。

自由，同样也是共产党人的永恒追求。

叶挺将军那首充满凛然正气的著名《囚歌》音犹在耳……无数革命者奋起抗争，不惜舍弃自身的自由甚至生命，不正是为了追求全中国人民的自由，使人民成为国家、社会和自己命运的主人吗？马克思说，共产主义的根本目标就是"每个人自由而全面的发展"；毛泽东同志说，"共产党的主要任务，一句话，是建立一个自由平等的民主国家。"这些经典的论述，早已将自由的意义阐述得再清楚不过了。

历史的烽火已然渐渐远去，革命者们苦苦追求的"国家、民族、社会的自由"也已成为现实，可自由却在一些人嘴里变了味道。有人希望扩张个人的边界，得到"过度"的自由；有人期待能够突破社会的秩序，得到"独享"的自由；还有人试图超越经济社会发展的阶段，获得"超前"的自由……这些自由者都有一个共同特点：从来只问自己能做什么，从来不问我能为大家做什么。这样的自由，怎能超越爱情、超越生命呢？

为人民服务，是最大的自由。个人的私欲、狭隘的眼界正是阻碍自由的力量之一。要争取自由，就必须冲破个人利益的藩篱，站在更高立场上思考问题。每时每刻都在考虑自己的人，如何能理解作为全人类价值追求的自由？社会为个人的自由创造着条件，个人的自由又为社会的发展添砖加瓦。我们追求"每个人自由而全面的发展"，说到底也并不是让每个人都为自我发展，个人只有融入社会、融入时代，其发展才谈得上有意义。否则，一个人知识再全面、能力再高超，对社会却毫无用处，能说他达到真正的"自由而全面的发展"吗？

追求自由激励着我们的社会发展、时代进步，自由的精神更是伟大的精神。千万别把自由看轻了、看小了、看窄了。只有心里装着全人类的人，才能获得比生命更重要的自由……

（来源于人民日报 2014年09月10日 06 版）

马斯洛需求层次理论

马斯洛需求层次理论，亦称"基本需求层次理论"，是行为科学的理论之一，由美国心理学家亚伯拉罕·马斯洛于1943年在《人类激励理论》论文中所提出。常被现代企业应用到员工激励方法当中。

马斯洛理论把需求分成生理需求、安全需求、爱和归属感（亦称为社交需求）、尊重和自我实现五类，依次由较低层次到较高层次排列。在自我实现需求之后，还有自我超越需求，但通常不作为马斯洛需求层次理论中必要的层次，大多数会将自我超越合并至自我实现需求当中。

生理需求：是人类的第一层次需要，指能满足个体生存所必需的一切需要，如食物、衣服、性欲等等。

对食物、水、空气和住房等需求都是生理需求，这类需求的级别最低，人们在转向较高层次的需求之前，总是尽力满足这类需求。一个人在饥饿时不会对其他任何事物感兴趣，他的主要动力是找到食物。即使在今天，还有许多人不能满足这些基本的生理需求。

安全需求：安全需要是人类的第二层次需要，指能满足个体免于身体与心理危害恐惧的一切需要。包括对人身安全、生活稳定以及免遭痛苦、威胁或疾病等的需求。和生理需求一样，在安全需求没有得到满足之前，人们唯一关心的就是这种需求。对许多员工而言，安全需求表现为安全而稳定以及有医疗保险、失业保险和退休福利等。

社交需求：社交需要是人类的第三层次需要，指能满足个体与他人交往的一切需要，如友谊、爱情、归属感等等。社交需求包括对友谊、爱情以及隶属关系的需求。当生理需求和安全需求得到满足后，社交需求就会突出出来，进而产生激励作用。在马斯洛需求层次中，这一层次是与前两层次截然不同的另一层次。在企业，这些需要如果得不到满足，就会影响员工的精神，导致高缺勤率、低生产率、对工作不满及情绪低落。管理者必须意识到，当社交需求成为主要的激励源时，工作被人们视为寻找和建立温馨和谐人际关系的机会，能够提供同事间社交往来机会的职业会受到重视。管理者感到下属努力追求满足这类需求时，通常会采取支持与赞许的态度，十分强调能为共事的人所接受，开展有组织的体育比赛和集体聚会等业务活动，并且遵从集体行为规范。

尊重需求：尊重需要是人类的第四层次需要，指能满足他人对自己的认可及自己对自己认可的一切需要，如名誉、地位、尊严、自信、自尊、自豪等。尊重需求既包括对成就或自我价值的个人感觉，也包括他人对自己的认可与尊重。有尊重需求的人希望别人按照他们的实际形象来接受他们，并认为他们有能力，能胜任工作。他们关心的是成就、名声、地位和晋升机会。这是由于别人认识到他们的才能而得到的。当他们得到这些时，不仅赢得了人们的尊重，同时就其内心因对自己价值的满足而充满自信。不能满足这类需求，就会使他们感到沮丧。如果别人给予的荣誉不是根据其真才实学，而是徒有虚名，也会对他们的心理构成威胁。

自我实现需求：自我实现需要是人类最高层次需要，指满足个体把各种潜能都发挥出来的一种需要，如不断的追求事业成功、使技术精益求精等等。达到自我实现境界的人，接受自己也接受他人。解决问题能力增强，自觉性提高，善于独立处事，要求不受打扰地独处。当然自我实现的人可能过分关注这种最高层次的需求的满足，以至于自觉或不自觉地放弃满足较低层次的需求。

在五种需要中，底部的三种需要可称为缺乏型需要，只有在满足了这些需要个体才能感到基本上舒适。顶部的两种需要可称之为成长型需要，因为它们主要是为了个体的成长与发展。

马斯洛认为各层次需要之间有以下一些关系：①一般来说，这五种需要像阶梯一样，从低到高。低一层次的需要获得满足后，就会向高一层次的需要发展。②这五种需要不是每个人都能满足的，越是靠近顶部的成长型需要，满足的百分比越少。③同一时期，个体可能同时存在多种需要，因为人的行为往往是受多种需要支配的。每一个时期总有一种需要占支配地位。

近来的研究有些新发现：①缺乏型需要几乎人人都有，而成长型需要并不是所有人都有的。尤其是自我实现的需要，相当部分的人没有。②满足需要时不一定先从最低层次开始，有时可以从中层，或高层开始；有时个体为了满足高层次的需要而牺牲低层次的需要。③任何一种需要并不因为满足而消失，高层次需要发展时，低层次需要仍然存在，在许多情景中，各层次的需要相互依赖与重叠。

第 四 单元

"我" 很重要——自我·他人·社会

学习要点：

了解大千世界，人处在各种关系之中；

认知自我与人类的关系，自我与他人的关系，自我与社会的关系；

认知自我的存在价值。

导 语

"我"是谁？在浩渺恢宏的大自然中，"我"作为自然界一个小小个体，实在是"渺沧海之一粟"，就此看来，有我与无我又有多大差别？对于整个人类来说，人类繁衍至今，面临人口爆炸的威胁，少我一个又有何妨？在人类历史长河中，人生须臾如白驹过隙，平凡的"我"有无一席之地？在芸芸众生构成的社会里，"我"到底扮演了或正在扮演或即将扮演哪些社会角色？对于别人来讲，"我"的存在价值是什么？如果把个人置于与他人的关系中，置于整个社会中，其实我们每一个人都很重要！社会就是一个个互相关联的"小我"构成的。

人是具有多种属性的，但概括起来，人的属性不外两大类，即自然属性和社会属性。社会属性是人的最主要、最本质的属性。在社会生活中，每个人总要同他人发生这样或那样的关系。芸芸众生的世界，其实就是两个人的世界。看似纷繁复杂的关系，也只是两个人的关系。儒家的思想中的"仁"，就蕴含着二人成"仁"的意思，只有有了人与人之间的关系，人人渴望与他人关系的和谐，才会产生"仁者爱人"的社会道德约束。而人类社会的种种规范，其实丈量的也是自己和他人的关系。

总之，现代社会生活中，人与人之间只有相互理解，相互关心，相互支持，求同存异，才能形成和谐的人际关系；作为社会公民，只有自觉谋求人与社会整体的和谐，弘扬公序良俗，才会形成良好的社会环境。

1935年，在纽约市一个最贫困最脏乱地区的法庭上，一名老妇人因偷窃面包正被审问。老妇人头发凌乱，手在微微发抖，嗫嚅着说："原谅我。我需要面包来喂养我那几个饿得直哭的孙儿，他们好几天没吃东西了……"她抬手去抹眼角的泪水。法官依然冷若冰霜，当庭宣称："我必须秉公办事，你可以选择10美元的罚款或者10天的拘役。"判决宣布后，时任纽约市长的拉瓜地亚从旁听席上站起来，脱下帽子，放进5美元，然后向其他人说："现在，请诸位每人另交50美分的罚款，这是为我们的冷漠付费，以处罚我们生活在一个要老祖母去偷面包来喂养孙儿的城市。"旁听席上的每个人闻之动容，认认真真地捐出了50美分。按理说，一个老妇人偷窃面包被罚款，与外人何干？拉瓜地亚说得明白——为我们的冷漠付费。

人类社会是由时间维度和空间维度上形形色色的人的生命个体构成的。而每一个生命个体间又有着纵横交错，或疏或密，或直接或间接的联系——"我为人人，人人为我"成为人类社会公理。

文　选

我 很 重 要

毕淑敏

毕淑敏，汉族，1952年10月出生于新疆伊宁，山东省文登人。国家一级作家、内科主治医师、北京作家协会副主席、注册心理咨询师。著有《毕淑敏文集》十二卷，《孝心无价》，处女作《昆仑殇》《阿里》及长篇小说《红处方》《血玲珑》等，中短篇小说集《女人之约》等，散文集《婚姻鞋》等。多篇文章被选入现行新课标中、小学课本，在文学及医学界享有盛誉。

当我说出"我很重要"这句话的时候，颈项后面掠过一阵战栗。我知道这是把自己的额头裸露在弓箭之下了，心灵极容易被别人的批判洞伤。

许多年来，没有人敢在光天化日下表示自己"很重要"。我们从小受到的教育都是——"我不重要"。

作为一名普通士兵，与辉煌的胜利相比，我不重要。

作为一个单薄的个体，与浑厚的集体相比，我不重要。

作为一位奉献型的女性，与整个家庭相比，我不重要。

作为随处可见的人的一分子，与宝贵的物质相比，我们不重要。

我们——简明扼要地说，就是每一个单独的"我"——到底重要还是不重要？

我是由无数星辰日月草木山川的精华汇聚而成的。只要计算一下我们一生吃进去多少谷物，饮下了多少清水，才凝聚成这具美好的躯体，我们一定会为那数字的庞大而惊讶。平日里，我们尚要珍惜一粒米、一叶菜，难道可以对亿万粒菽粟亿万滴甘露濡养①的万物之灵，掉以丝毫的轻心吗？

当我在博物馆里看到北京猿人窄小的额和前凸的吻时，我为人类原始时期的粗糙而黯然。他们精心打制出的石器，用今天的目光看来不过是极简单的玩具。如今很幼小的孩童，就能熟练地操纵语言，我们才意识到人类已经在进化之路上前进了多远。我们的头颅就是一部历史，无数祖先进步的痕迹储存于脑海深处。我们是一株亿万年苍老树干上最新萌发的绿叶，不单属于自身，更属于土地。人类的精神之火，是连绵不断的链条，作为精致的一环，我们否认了自身的重要，就是推卸了一种神圣的承诺。

回溯我们诞生的过程，两组生命基因的嵌合，更是充满了人所不能把握的偶然性。我们每一个个体，都是机遇的产物。

常常遥想，如果是另一个男人和另一个女人，就绝不会有今天的我……

即使是这一个男人和这一个女人，如果换了一个时辰相爱，也不会有此刻的我……

即使是这一个男人和这一个女人在这一个时辰，由于一片小小落叶或是清脆鸟啼的打搅，依然可能不会有如此的我……

一种令人怅然以至走入恐惧的想象，像雾霭一般不可避免地缓缓升起，模糊了我们的来路和去处，令人不得不断然打住思绪。

我们的生命，端坐于概率垒就的金字塔的顶端。面对大自然的鬼斧神工②，我们还有权利和资格说我不重要吗？

对于我们的父母，我们永远是不可重复的孤本。无论他们有多少儿女，我们都是独特的一个。

假如我不存在了，他们就空留一份慈爱，在风中蛛丝般无法附丽地飘荡。

假如我生了病，他们的心就会皱缩成石块，无数次向上苍祈祷我的康复，甚至愿灾痛以十倍的烈度降临于他们自身，以换取我的平安。

我的每一滴成功，都如同经过放大镜，进入他们的瞳孔，摄入他们的心底。

假如我们先他们而去，他们的白发会从日出垂到日暮，他们的泪水会使太平洋为之涨潮。

面对这无法承载的亲情，我们还敢说我不重要吗？

我们的记忆，同自己的伴侣紧密地缠绕在一处，像两种混淆于一碟的颜色，已无法分开。你原先是黄，我原先是蓝，我们共同的颜色是绿，绿得生机勃勃，绿得苍翠欲滴。失去了妻子的男人，胸口就缺少了生死攸关的肋骨，心房裸露着，随着每一阵轻风滴血。失去了丈夫的女人，就是齐斩斩折断的琴弦，每一根都在雨夜长久地自鸣……

面对相濡以沫的同道，我们忍心说我不重要吗？

俯对我们的孩童，我们是至高至尊的唯一。我们是他们最初的宇宙，我们是深不可测的海洋。假如我们隐去，孩子就永失淳厚无双的血缘之爱，天倾西北，地陷东南，万劫不复。盘子破裂可以粘起，童年碎了，永不复原。伤口流血了，没有母亲的手为他包扎。面临抉择，没有父亲的智慧为他谋略……面对后代，我们有胆量说我不重要吗？

与朋友相处，多年的相知，使我们仅凭一个微蹙的眉尖、一次睫毛的抖动，就可以明了对方的心情，假如我不在了，就像计算机丢失了一份不曾复制的文件，他的记忆库里留下不可填补的黑洞。夜深人静时，手指在揿了几个电话键码后，骤然停住，那一串数字再也用不着默诵了。逢年过节时，她写下一沓沓的贺卡。轮到我的地址时，她闭上眼睛……许久之后，她将一张没有地址只有姓名的贺卡填好，在无人的风口将它焚化。

相交多年的密友，就如同沙漠中的古陶，摔碎一件就少一件，再也找不到一模一样的成品。面对这般友情，我们还好意思说我不重要吗？

我很重要。

我对于我的工作我的事业，是不可或缺的主宰。我的独出心裁的创意，像鸽群一般在天空翱翔，只有我才捉得住它们的羽毛。我的设想像珍珠一般散落在海滩上，等待着我把它用金线串起。我的意志向前延伸，直到地平线消失的远方……

没有人能替代我，就像我不能替代别人。我很重要。

我对自己小声说。我还不习惯嘹亮地宣布这一主张，我们在不重要中生活得太久了。

我很重要。

我重复了一遍。声音放大了一点。我听到自己的心脏在这种呼唤中猛烈地跳动。

我很重要。

我终于大声地对世界这样宣布。片刻之后，我听到山岳和江海传来回声。

是的，我很重要。我们每一个人都应该有勇气这样说。我们的地位可能很卑微，我们的身份可能很渺小，但这丝毫不意味着我们不重要。

重要并不是伟大的同义词，它是心灵对生命的允诺。

对于一株新生的树苗，每一片叶子都很重要，对于一个孕育中的胚胎，每一段染色体碎片都很重要。甚至驰骋寰宇的航天飞机，也可以因为一个油封橡皮圈的疏漏而凌空爆炸，你能说它不重要吗？

人们常常从成就事业的角度，断定我们是否重要。但我要说，只要我们在时刻努力着，为光明在奋斗着，我们就是无比重要地生活着。

让我们昂起头，对着我们这颗美丽的星球上无数的生灵，响亮地宣布——我很重要！

【注释】

①濡养:养育、培养的意思。

②鬼斧神工：形容建筑、雕塑的技艺精巧，非人工所能为。

【阅读提示】

"我"一旦来到这个世界上，就不是一个与世界毫无瓜葛的个体，一旦参与到这个世界活动中来，就成为背负使命的重要一员。

首先，"我"是由无数星辰日月草木山川的精华汇聚而成，与大自然有着千丝万缕的联系，我们务必要心怀感恩，珍爱生命。

第二，我们每一个人都是人类进化的表征，人类的精神之火靠我们去传承，我们须承诺不辱使命。

第三，生命诞生具有何等的神奇性和唯一性！面对生命本身，我们只有心存敬畏！

第四，我们每一个人都有父母、伴侣、儿女、朋友，这份亲情、爱情、友情是血脉深情，是手足之痛，且具有无可替代性，"我"的生命不仅仅是属于"我"的，"我"的存在对于亲人和友人同样意义重大。

第五，我们来到世上，面对一份事业，我们须倾力而为，以事业上的创造体现和证明生命的价值，世界会因我的到来而不一样。

总之，作为一个生命来到人世间，就是社会、人类、自然这一肌体的不可或缺的一分子，有着无可替代的价值，如同零件之于机器，我们每个生命个体都很重要！我们不会因为平凡普通而看轻自己，不应以世俗的成功评判自己，抹杀自己的存在价值。懂得这些，我们就会找准自己的定位，时刻努力着，为光明奋斗着，让自己的生命绽放出应有的光彩！

【讨论思考】

1."我"很重要，为什么？

2.阅读本文，联系自己的实际，谈谈你对自己的重要性的认知。

名画欣赏

伊丽莎白·路易丝·维瑞——《画家和她的女儿》

伊丽莎白·路易丝·维瑞（1755—1842）是路易十六时代法国最杰出的女画家。《画家和她的女儿》是作者最出色的代表作，也是她的自我写照。

这是她32岁时所作，女画家装束朴素典雅，端庄秀丽，目光温柔而深情。她俯身坐着，双臂围抱着女儿的脸。女儿天真可爱，把脸紧贴母亲，搂着妈妈脖子，显得无限妩媚。作品将母女之爱、亲子之情画得十分动人，也表现了画家自己的温婉多情。构图采用了稳定匀称的三角形，色彩雅致和谐，线条优美洗练，背景不加任何陪衬，更突出了主题。

你 是 人

【黎巴嫩】米哈依勒·努埃曼

米哈依勒·努埃曼（1889—1988）黎巴嫩作家、文艺评论家。是黎巴嫩海外文学"三杰"之一，在艺术创作上，他的知名度仅次于纪伯伦，有时难分伯仲。在小说创作和文学批评方面，他是三杰中的翘楚。他的小说创作以短篇为主，有《往事悠悠》《大物》《粗腿壮》等，中长篇有《相会》《最后一日》等。除小说外，他还有诗集、剧本、传记、自传等其他体裁的作品。其文风格：智慧而尖锐的语言，深邃而理性的思想见解，开阔的心境和高远的境界。

你是人，带着他的一切。

你是其始，亦是其终。由你，他的清泉涌溢。向着你，他的溪水流淌。在你身上，他注入了人性。

你是他的治者与被治者，施虐者与受虐者，摧毁者与被毁者。

你是他的施主与受赠人，是他的钉人于十字架者与被钉于十字架者。

你是他的贫者与富者，弱者与强者，显现者与隐遁者。

你是他的行刑者与受刑者，批评者与受批评者，嫉妒者与被嫉妒者。

你是他的高尚者与卑贱者，圣徒与罪人，天使与魔鬼。

你是每一位父亲和母亲的儿子，是每一位兄弟和姐妹的父亲。我来自于你。

我逃不开你，你逃不开我，因为你就是我，我就是你，我俩即全人类。

如果没有你，便没有我之为我；如果没有我，便没有你之为你；如果没有我们，便没有他之为他。

如果没有先于我们者，便没有我们；如果没有我们，便没有广阔时间中的任何一个人。

在你邻居的心中有幸福么？——你何不以他的幸福而高兴呢！因为在他的织品中有你灵魂织进的线。你邻居的眼睛看到还是没看到这条线，你均无忧，因为那看到一切的眼睛（指上帝），已看到了它。

在你邻居的心中有一团火吗？——那就让你的心因这团火而燃烧！因为在这团火中，有从你的憎恨与轻蔑的炉火中迸出的一颗火星。

在你邻居的眼中有泪珠吗？——那就让你的眼借它而流泪吧！因为在这泪珠中，有你的一粒残酷之盐。

在你邻居的脸上有笑容吗？——那就让你的脸对它发出微笑吧！因为在它的甜蜜中，有你的爱发出的光。

你的邻居因犯下的一条罪行而入狱了吗？——你何不把你心中的一部分遣入监牢和他同囚？因为你是他罪行的同犯，尽管合法的权力未曾用其法律对你进行审判，而同你一样的一个人也没有判定入狱。

昨天，我看见你在跳舞，且在人群中高喊："鼓掌呀！鼓掌！"难道你不认为，在你身上有欢畅的生命，只有当你目睹他人生命的欢乐并向其鼓掌时，你欢畅的生命才起舞么？当别人跳舞你不鼓掌时，你在想着什么？

昨天，我听见你在诉苦，痛哭："人们啊，听我讲！人们啊，公正地对待我吧，我是被冤枉的！"如果不是向那些人本身讨公平，那你还能向谁去讨公平呢？如果说你向人们控诉世人，那你为什么不倾听他们向你的控诉和向你本人寻求公正的声音呢？

昨天，我看见你在计算自己的利润，你踌躇满志，对自己的聪明才智大为赞赏。我没听见你说："这是赚别人的钱。"今天，我看见你在计算自己的损失，诅咒着别人的精明狡猾。我听见你说："这是别人抢我的。"你难道对自己成为生活中的股东——"投机商"——不感到羞愧吗？

你是人，带着他的全部一切。对此，不论你知道还是不知道。我是你的图像和标本。除非你能从自身逃出，那你能从我这儿逃到何处呢？如果你能逃出自身，那你是谁呢？（伊宏 译）

【阅读提示】

本文中作者阐释了人与人类、人与人之间的关系，并指出了人与人之间的相处之道。

第一部分，作者阐释了个体的人和作为集合概念的"人类"之间的关系，每个人身上都标注着人类的特质，所有的林林总总的人构成着人类——治者与被治者，施虐者与受虐者，摧毁者与被毁者；施主与受赠人，钉人于十字架者与被钉于十字架者；贫者与富者，弱者与强者，显现者与隐遁者；行刑者与受刑者，批评者与受批评者，嫉妒者与被嫉妒者；高尚者与卑贱者，圣徒与罪人，天使与魔鬼。

第二部分，作者从人与人的社会关系角度，阐释了人与人之间的相互依存性："没有你，便没有我之为我；如果没有我，便没有你之为你；如果没有我们，便没有他之为他。"人类是代代绵延得以发展的，这一历史链条的任何时间的消亡，都意味着人类消亡，由此，作为人比不得割断历史，而应懂得传承。

第三部分，作者从日常生活中每个人和"邻居"的关系角度强调了个人和他人的紧密关联性——他人的喜怒哀乐均与我们所作所为相关，构成因果，我们每个人应于己反思，勇于担责，敢于修正自己，于他人以理解、帮助。

第四部分，作者从每个人自我的角度，阐释了人与人之间友好相处的法则：

学会换位思考，对他人的喜怒哀乐感同身受，同情人之不幸，理解人之需要，给予恰当的帮助——多一份同理心。"己欲立而立人，己欲达而达人"（《论语·雍也》），"己所不欲，勿施于人"（《论语·卫灵公》）。

【讨论思考】

1.人和人类的关系是什么？

2.如何理解"如果没有先于我们者，便没有我们；如果没有我们，便没有广阔时间中的任何一个人"？

3.如何建立和谐的人际关系？

名画欣赏

普基廖夫——《不相称的婚姻》

普基廖夫（1832—1890年）普基廖夫是俄国19世纪60年代最有声望的风俗画家。1863年他还是莫斯科绘画雕刻建筑学校的应届毕业生时，就展出了名作《不相称的婚姻》。19世纪60年代，俄国出现许多揭露社会黑暗，对被损害和被污辱者表示深切同情的优秀绘画作品，《不相称的婚姻》是其中杰出的代表。

画面以近景特写人物构图，集中表现一位风烛残年的将军娶一位少女为妻的情节，而这一丑恶的行为恰恰是在庄严的教堂中举行。画家揭示了这种病态的婚姻和卑劣的社会交易以及对妇女的摧残。据说画中新娘正是画家的未婚妻，新娘背后那位双手交叉在胸前，用审视、严峻、谴责的目光注视这幕人间丑剧的人就是画家自己。这幅画问世时，当即遭到官方的反对，表面理由是画中人与真人大小等同，这只有在历史画中才允许。实际上是它刺痛了官僚贵族的心，击中了丑恶制度的要害。

我对人类社会公理的敬畏

赵鑫珊

赵鑫珊（1938—　），教授、哲学家、作家、文学家，生于江西南昌，1961年毕业于北京大学德国文学语言系。1961年至1978年，在中国农业科学院从事土地、粮食、人口研究。1978年至1983年，在中国社会科学院哲学所从事现代西方哲学研究。1983年至今，在上海社会科学院欧亚所从事东西方文化比较研究。先后出版《科学艺术哲学断想》《普郎克之魂》《地球在哭泣》等四十六本书。

我实在是一个矛盾的混合体：理性和感情，必须和愿意，崇高和渺小，孤独感和强烈的社会责任心，就像一捆乱麻纠结在我一身。

每当我抬眼在碧净夜空搜索织女、天狼这些辐射出黄白色波长的恒星，蓦然想起"宇宙的熵①趋于极大值"这条热力学第二定律的大胆推广，一缕地球人的孤独感、无意义和惆怅就会像池塘里的蚂蟥猛烈向我偷袭；当我追问起无限时间和空间究竟是什么，生命对每个人为什么有个了结，了结之后会是什么，我又体验到一种无可救药的茫然和失落。那心境令人不寒而栗，尤其是在夏夜，一道闪光、一声清脆的霹雳过后，周围一片墓地般的寂静。

可是，只要我一低下头，俯视着灾难深重的大地，那构成一座大城市的各种设施，那民以食为天的农田和牧场，便会化成一股强烈的社会意识顺着我的每根血管流遍全身，这尤其是旱灾、水灾和虫灾在许多省份肆虐的年月。这时，当我平安、舒适地坐在书桌旁，仿佛就变成了另一个人。在粗浅和显而易见的一次推理中，我发现了一个最基本的事实，一条令我肃然起敬的社会政治经济学公理：从头到脚，我身上居然没有一样东西是出自我本人的双手制造出来的！

我的眼镜是别人造的；衣裤是别人做的；鞋袜还是别人做的。再由近及远：我手中的笔、纸张、书桌、参考书、收录机、电灯和我所栖身的大楼，无一不是别人的产品。这别人，正是全社会。不久前我牙痛，后来去医院，医生给我打麻药针，把病牙拔了，解除了我的痛苦。于是，我又想到人类社会组织的好处。傍晚，我去食堂，当我端起一碗稀饭，拿一个咸蛋，一股强烈的社会意识再次在我心中油然而生。我发觉我的生存时时处处都在依靠和仰仗他人的辛勤劳动。那么，我自然要问：我应该为他人和社会做些什么、回报些什么？这种意识，就叫社会意识吧。依我看，这是一条颠扑不破的前提和公理，也是最大的道德和良心所在。

公理化思想在整个人类思想史上是一项最伟大的成就。它渊源于古希腊的几何学，后波及整个数学和物理学的逻辑体系：用数目最少的不证而直接自明的公理来奠定一门科学的基础，然后再通过演绎法推导出整座科学大厦。

我主张坚决把公理化思想引进到政治学、社会学、经济学、教育学、伦理学、宗教、文学艺术和历史科学。本文所提到的"社会意识"，应构成这些人文科学体系赖以建立起来的少数几个不证而直接自明的公理之一。

我常想：倘若一旦没有了人与人之间的互助和分工，那么，生存对于每个人该会变成多大的障碍！那我就要亲自动手去播种、喂猪、织布、伐木、造纸、发电和拔牙……而这是办不到的。社会，作为人与人之间的互助组织形式，是人类最伟大的一项发明。这项发明帮助每个人实现他在单个生存时所无法实现的那种自由和发展，达到仅依靠单个人的力量永远也达不到的生存高质量和高水平。按我的理解，这也是政治哲学第一原理。对它，我们每个人都必须怀着敬畏的心情。

若有外国学者问我："你认为当前中国最迫切需要解决的问题是什么？"我就回答：每个平民百姓，都怀有一股浓烈的社会意识，把个人生存的质量同社会的繁荣进步挂起钩，而不再是脱钩。"

若有外星人问我："当前地球上最迫切需要解决什么问题？"我就说："让地球上面的每个居民都树立起全球意识。地球太小，又太脆弱，经不起工业的污染和核武器的折磨。"

我们中国人在进晚餐的时候，从来没有在饭前合掌、低头默祷的习惯。但我想至少要在晚餐时怀着两重感恩的情愫。感谢大自然风调雨顺，生态平衡，赐给我们这顿丰盛的晚餐；感谢"我为人人，人人为我"这条人类社会公理！

果真如此，我敢说，中国会加快摆脱贫困。为着这目标，我才在稿纸上的每个格子里画窗口，让习惯多吃多占社会、掠夺地球的"田鼠"们见到公理的光芒。

【注释】

①熵：科学技术上泛指某些物质系统状态的一种量度或某些物质系统状态可能出现的程度。

【阅读提示】

对于整个宇宙，人类渺沧海一粟，个体的生命更是转瞬即逝，弱小无比。是什么让人类超越了渺小无助而绵延不息？是什么让个体生命得以生存乃至有尊严地生活？是人类发明的社会组织，让个人不再渺小，让人类变得伟大！每一个人在这个组织中该如何定位？是感叹人生虚无无望而及时行乐、任性妄为，完全活在自我的感情、意愿中，还是感恩社会，感恩他人而去担负起社会公民的责任？

作者开篇指出人是矛盾的两个方面的结合体，即源自个体生命的感情、意愿、渺小、孤独和源自社会属性的理性、必须、崇高、社会责任感。

第二段承上启下，从宇宙的角度指出人作为个体生命的渺小、无助和孤独、失落，为下文视角回到人类社会感悟社会公理埋下伏笔。

第三段和第四段与上文形成对照：俯视大地，体味人间，尽享人类创造的物质文明的同时，从理性的角度，感受到了人之伟大和崇高，指出一个不争的事实——"我"的生存时时处处依靠和仰仗着他人！

第五、第六段追溯公理化思想的由来，指出"社会意识"应是构建人文科学体系的几个不证自明的公理之一。

第七段阐释了社会组织是人类最伟大的一项发明。

第八、第九、第十、第十一段发出号召，希望人们都怀有浓烈的社会意识乃至全球意识，敬畏、遵从"我为人人，人人为我"的社会公理。

【讨论思考】

1. 什么是公理？为什么说"我为人人，人人为我"是人类社会公理？
2. "我为人人，人人为我"和"人人为我，我为人人"有什么不同？

名画欣赏

张择端——《清明上河图》（局部）

张择端（1085年—1145年），字正道。汉族，琅琊东武（今山东诸城）人。北宋著名画家。他的风俗画《清明上河图》，是世界名画之一，也是他的代表作。《清明上河图》是我国绘画史上的稀世奇珍，画之瑰宝。它用现实主义手法，全景式构图，生动细致地描绘了北宋王都开封汴京的舟船往复、店铺林立、人烟稠密、市民熙来攘往的繁华景象和丰富的社会生活风情。

北宋年间的汴京，城内四河流贯，陆路四达，为全国水陆交通中心，商业发达居全国之首，当时人口达100多万。汴京城中有许多热闹的街市，街市开设有各种店铺，甚至出现了夜市。逢年过节，京城更是热闹非凡。为了表现京城的繁荣昌盛，张择端选择了清明这个重要节日的景象进行表现。

作品气势恢宏，长528.7厘米、宽24.8厘米。画中不同身份的人物，个个形神兼备，有仕、农、商、医、卜、僧、道、胥吏、妇女、儿童、篙师、缆夫等人物，有赶集、买卖、闲逛、饮酒、聚谈、推舟、拉车、乘轿、骑马等情节；驴、牛、骆驼等种动物和各种植物，其态无不惟妙惟肖。大到广阔的原野、浩瀚的河流、高耸的城郭，细到舟车上的钉铆、摊贩上的小商品、市招上的文字，和谐的组织成统一整体，在画中大街小巷，店铺林立，酒店、茶馆、点心铺等百肆杂陈，还有城楼、河港、桥梁、货船，官府宅第和茅棚村舍密集。如此丰富多彩的内容，为历代古画中所罕见。这件现实主义的杰作，是研究北宋东京城市经济及社会生活的宝贵历史资料。

案例讨论

法庭上原告为什么向犯人深鞠三躬？嫌犯为什么仍然要受到法律的制裁？结合米哈依勒·努埃曼的《你是人》谈谈感想。

法庭上原告向犯人深鞠三躬

犯罪嫌疑人是一个30多岁的民工，绑架了一个六岁的男孩儿。让人欣慰的是，孩子安然无恙。虽然没有造成严重的后果，但他仍然要受到法律的制裁。

之前，他在老板那里干了八个月，却没有拿到一分钱。他几次求老板先预支点儿钱，哪怕几百元也行。他是家里唯一的顶梁柱，他的母亲患有严重的心脏病，一天也离不开药。孩子上学也要用钱。还有他的妹妹，因为失恋患了精神病，他还要为妹妹治病，他不能看着妹妹天天披头散发满街乱跑。他每次找老板要钱，老板都一脸的不耐烦。往往他还没说上几句话，就被老板叫来的保安赶出了办公室。

终于，他忍无可忍，绑架了老板的儿子。后来，他后悔了，他完全可以跑掉，但他怕孩子一个人出什么意外，也怕孩子害怕，便一直把孩子抱在怀里。当警察出现的时候，孩子在他的怀里睡得正香。

他被判了五年。旁听席上的人都为他惋惜，说到底是不懂法，否则，也就不会付出这样大的代价。他那个风雨飘摇的家该怎么办呢？

就在法官要宣布退庭时，从旁听席上传来个苍老的声音："等等，我有话要说。"大家扭头望去，是一个年过花甲的老妇人。有人认识她，她是男孩儿的奶奶，也就是老板的妈妈。孩子被绑架之后，老人一病不起，那是她最爱的孙子，也是孙辈中唯一的男孩儿。众人的心里都有些紧张，或许，老人还要提额外的条件，那个已经一无所有的民工还能承受得起吗？

老人慢慢地向被告席走过去。她站在民工面前，大家看到，她的嘴角在抖动。大厅里鸦雀无声，谁也不知道会发生什么事。

突然，老人弯下腰，向民工深深地鞠了三个躬。所有的人都愣住了，包括原告席上的老板，他想母亲大概老糊涂了。

老人抬起花白的头，泪水流了一脸。良久，她缓缓地说："孩子，这第一躬，是我代我的儿子向你赔罪。是我教子无方，让他做出了对不起你的事。该受审判的不应该只是你，还有我的儿子，他才是罪魁祸首。这第二躬，是我向你的家人道歉。我的儿子不仅对不起你，也对不起你们一家人。作为母亲，我有愧呀。这第三躬，我感谢你没有伤害我的孙子，没给他的心灵留下丝毫的阴影，你有一颗善良的心。孩子，你比我的儿子要强上100倍。"

老人的一番话，令在场的人都为之动容，这是一个深明大义的母亲。而那个民工失声痛哭，是感动，也是悔恨。事情的结果是，老人的儿子不仅向民工支付了工钱，还把那个民工的母亲和妹妹接到城里来治病。

拓展阅读

少年中国说

梁启超

日本人之称我中国也，一则曰老大帝国，再则曰老大帝国。是语也，盖袭译欧西人之言也。呜呼！我中国其果老大矣乎？梁启超曰：恶！是何言！是何言！吾心目中有一少年中国在！

欲言国之老少，请先言人之老少。老年人常思既往，少年人常思将来。惟思既往也，故生留恋心；惟思将来也，故生希望心。惟留恋也，故保守；惟希望也，故进取。惟保守也，故永旧；惟进取也，故日新。惟思既往也，事事皆其所已经者，故惟知照例；惟思将来也，事事皆其所未经者，故常敢破格。老年人常多忧虑，少年人常好行乐。惟多忧也，故灰心；惟行乐也，故盛气。惟灰心也，故怯懦；惟盛气也，故豪壮。惟怯懦也，故苟且；惟豪壮也，故冒险。惟苟且也，故能灭世界；惟冒险也，故能造世界。老年人常厌事，少年人常喜事。惟厌事也，故常觉一切事无可为者；惟好事也，故常觉一切事无不可为者。老年人如夕照，少年人如朝阳；老年人如瘠牛，少年人如乳虎也。老年人如僧，少年人如侠。老年人如字典，少年人如戏文。老年人如鸦片烟，少年人如白兰地酒。老年人如别行星之陨石，少年人如大洋海之珊瑚岛。老年人如埃及沙漠之金字塔，少年人如西比利亚之铁路；老年人如秋后之柳，少年人如春前之草。老年人如死海之潴为泽，少年人如长江之初发源。此老年与少年性格不同之大略也。任公曰：人固有之，国亦宜然。

……

呜呼！我中国其果老大矣乎？立乎今日以指畴昔，唐虞三代，若何之郅治；秦皇汉武，若何之雄杰；汉唐来之文学，若何之隆盛；康乾间之武功，若何之烜赫。历史家所铺叙，词章家所讴歌，何一非我国民少年时代良辰美景、赏心乐事之陈迹哉！而今颓然老矣！昨日割五城，明日割十城，处处雀鼠尽，夜夜鸡犬惊。十八省之土地财产，已为人怀中之肉；四百兆之父兄子弟，已为人注籍之奴，岂所谓"老大嫁作商人妇"者耶？呜呼！凭君莫话当年事，憔悴韶光不忍看！楚囚相对，岌岌顾影，人命危浅，朝不虑夕。国为待死之国，一国之民为待死之民。万事付之奈何，一切凭人作弄，亦何足怪！　　　任公曰：我中国其果老大矣乎？是今日全地球之一大问题也。如其老大也，则是中国为过去之国，即地球上昔本有此国，而今渐渐灭，他日之命运殆将尽也。如其非老大也，则是中国为未来之国，即地球上昔未现此国，而今渐发达，他日之前程且方长也。欲断今日之中国为老大耶？为少年耶？则不可不先明"国"字之意义。夫国也者，何物也？有土地，有人民，以居于其土地之人民，而治其所居之土地之事，自制法律而自守之；有主权，有服从，人人皆主权者，人人皆服从者。夫如是，斯谓之完全成立之国，地球上之有完全成立之国也，自百年以来也。完全成立者，壮年之事也。未能完全成立而渐进于完全成立者，少年之事也。故吾得一言以断之曰：欧洲列邦在今日为壮年国，而我中国在今日为少年国。夫古昔之中国者，虽有国之名，而未成国之形也。或为家族之国，或为酋长之国，或为诸侯封建之国，或为一王专制之国。虽种类不一，要之，其于国家之体质也，有其一部而缺其一部。正如婴儿自胚胎以迄成童，其身体之一二官支，先行长成，此外则全体虽粗具，然未能得其用也。故唐虞以前为胚胎时代，殷周之际为乳哺时代，由孔子而来于今为童子时代。逐渐发达，而今乃始将入成童以上少年之界焉。其长成所以若是之迟者，则历代之民贼有窒其生机者也。譬犹童年多病，转类老态，或且疑其死期之将至焉，而不知皆由未完成未成立也。非过去之谓，而未来之谓也。且我中国畴昔，岂尝有国家哉？不过有朝廷耳！我黄帝子孙，聚族而居，立于此地球之上者既数千年，而问其国之为何名，则无有也。夫所谓唐、虞、夏、商、周、秦、汉、魏、晋、宋、齐、梁、陈、隋、唐、宋、元、明、清者，则皆朝名耳。朝也者，一家之私产也。国也者，人民之公产也。朝有朝之老少，国有国之老少。朝与国既异物，则不能以朝之老少而指为国之老少明矣。文、武、成、康，周朝之少年时代也。幽、厉、桓、赧，则其老年时代也。高、文、景、武，汉朝之少年时代也。元、平、桓、灵，则其老年时代也。自余历朝，莫不有之。凡此者谓为一朝廷之老也则可，谓为一国之老也则不可。一朝廷之老且死，犹一人之老且死也，于吾所谓中国者何与焉。然则，吾中国者，前此尚未出现于世界，而今乃始萌芽云尔。天地大矣，前途辽矣。美哉我少年中国乎！

……

任公曰：造成今日之老大中国者，则中国老朽之冤业也。制出将来之少年中国者，则中国少年之责任也。彼老朽者何足道，彼与此世界作别之日不远矣，而我少年乃新来而与世界为缘。如僦屋者然，彼明日将迁居他方，而我今日始入此室处。将迁居者，不爱护其窗棂，不洁治其庭庑，俗人恒情，亦何足怪！若我少年者，前程浩浩，后顾茫茫。中国而为牛为马为奴为隶，则烹脔鞭棰之残酷，惟我少年当之。中国如称霸宇内，主盟地球，则指挥顾盼之尊荣，惟我少年享之。于彼气息奄奄与鬼为邻者何与焉？彼而漠然置之，犹可言也。我而漠然置之，不可言也。使举国之少年而果为少年也，则吾中国为未来之国，其进步未可量也。使举国之少年而亦为老大也，则吾中国为过去之国，其渐亡可翘足而待也。故今日之责任，不在他人，而全在我少年。少年智则国智，少年富则国富；少年强则国强，少年独立则国独立；少年自由则国自由；少年进步则国进步；少年胜于欧洲，则国胜于欧洲；少年雄于地球，则国雄于地球。红日初升，其道大光。河出伏流，一泻汪洋。潜龙腾渊，鳞爪飞扬。乳虎啸谷，百兽震惶。鹰隼试翼，风尘翕张。奇花初胎，矞矞皇皇。干将发硎，有作其芒。天戴其苍，地履其黄。纵有千古，横有八荒。前途似海，来日方长。美哉我少年中国，与天不老！壮哉我中国少年，与国无疆！

名画欣赏

艾伊瓦佐夫斯基——《九级浪》

艾伊瓦佐夫斯基（1817—1900年）出生在今亚美尼亚境内的一个商人家庭，亚美尼亚裔俄国画家，以海景画著名。代表作《九级浪》（藏俄罗斯博物馆）、《黑海》（藏特列恰可夫画廊）、《贩货的牛队》等，具有浪漫主义气息，又有写实主义的特点。一生画有约6000件作品，近一半是油画。他所在的费奥多西亚的画室，是当时俄国南方的美术中心，培养了许多出色的画家。

海上每次发生风暴总是以第九级浪头最险恶，最可怕。九级浪到来轻则摧帆断桅，重则船覆人亡，画家的立意就是要表现人们征服这九级风浪。它描绘了断桅上的人们战胜惊涛骇浪的无畏勇气和决心，表现了人与自然拼搏的顽强意志和壮观景象。天空浓重云雾，透过云层的阳光洒在大海巨浪上，映照得灿烂透明，这给挣扎在死亡线上的人们以光明与信心。画家表现光与色的笔触，完全融化在海浪中，给人以身临其境之感。整个画面宏伟壮丽，是一首充满高昂激情的大海抒情诗篇。

第 五 单元

人与自然和谐共生

学习要点：

正确认识人与自然的关系；

理解与自然和谐共生的这道理；

懂得"诗意地栖居"。

导 语

　　人是自然之子，在适宜的自然界环境中才能生存和发展。有一个好的自然环境，与自然和谐相处，永远是生命最根本的需要，是人类幸福的永恒前提。

　　人类本身是自然界长期进化的产物。中国传统哲学十分重视人与自然的和谐，"天人合一""道法自然"等理念源远流长，体现了中华文明特有的生态智慧。自工业革命以来，随着经济生产活动的广泛开展和科学技术的突飞猛进，加之人类对生态环境重要性和地球生态资源有限性认识的无知，导致森林锐减、土地退化、淡水匮乏、生物多样性减少、酸雨和温室效应加剧、海洋资源过度利用、空气污染严重、自然灾害频发等等，人类给自身赖以生存的地球带来了深重的灾难，并为此付出了昂贵的代价。

　　在嵩山论坛2014年会上，世界公共论坛联合执行主席弗莱德·多勒米尔教授表达了他深深的忧虑，他说："我们不懂如何与自然和谐相处。"

　　多勒米尔教授认为，随着科学的进步，人类对自然的了解越来越深入，但是人类对自然的研究目的，是为了让自然更好地为人类服务。德国哲学家海德格尔曾经批判现代人对待自然的态度，他称之为技术的方式，就是把自然万物都看作能源。相反的方式，他称之为诗意的方式，就是承认自然万物都有自身的存在、自身的价值、自身的权利，人类应该尊重。现在我们也经常引用海德格尔的名言"诗意地栖居"，可是这句话从我们口中说出来几乎成了一个讽刺。在全国性的开发热潮中，我们眼中已经没有自然界，只看见资源、能源，只想着用它们赚钱，结果也就真的没有自然界了，我们周围的自然已经面目全非了。为了开发而破坏自然，这真正是本末倒置，是在毁掉我们生命的根本。

　　"人与自然的关系必须改变。"多勒米尔说，现在，我们需要去学习换一种方式对待自然，而不是毫无节制地开发自然、剥夺自然，应该进一步保护有限的自然资源。我们要学会和自然和谐相处，因为自然就是我们的朋友，而不是敌人。我们不能持续地为了人类的利益而去开发自然，要与自然友好相处、和谐共生。我们离共生这种状态已非常遥远。与自然相处，是一个道德问题，而不仅仅与知识相关，我们首先要学会正确对待自然。

文 选

像山那样思考
利奥波德

奥尔多·利奥波德（1887—1948），他是美国享有国际声望的科学家和环境保护主义者，被称作美国新保护活动的"先知""美国新环境理论的创始者"。他同时又是一个观察家，一个敏锐的思想家，一个造诣极深的文学巨匠。一生共出版了三本书和大约500篇文章，大部分是有关科学和技术的题目。《沙乡年鉴》是作者的自然随笔和哲学论文集，也是土地伦理学的开山之作。

一声深沉的、骄傲的嗥叫①，从一个山崖回响到另一个山崖，荡漾在山谷中，渐渐地消失在漆黑的夜色里。这是一种不驯服的、对抗性的悲哀，和对世界上一切苦难蔑视情感的迸发。

每一种活的东西（大概还有很多死了的东西），都会留意这声呼唤。对鹿来说，它是死亡的警告；对松林来说，它是半夜里在雪地上混战和流血的预言；对郊狼来说，是就要来临的拾遗的允诺；对牧牛人来说，是银行里赤字的坏兆头；对猎人来说，是狼牙抵制弹丸的挑战。然而，在这些明显的、直接的希望和恐惧之后，还隐藏更加深刻的含义，这个含义只有这座山自己才知道。只有这座山长久地存在，从而能够客观地去听取一只狼的嗥叫。

不过，那些不能辨别其隐藏的涵义的人也都知道这声呼唤的存在，因为在所有有狼的地区都能感到它，而且，正是它把有狼的地方与其他地方区别开来的。它使那些在夜里听到狼叫，白天去察看狼的足迹的人毛骨悚然。即使看不到狼的踪迹，也听不到它的声音，它也是暗含在许多小小的事件中的：深夜里一匹驮马的嘶鸣，滚动的岩石的嘎啦声，逃跑的鹿的砰砰声，云杉下道路的阴影。只有不堪教育的初学者才感觉不到狼是否存在，和认识不到山对狼有一种秘密的看法这一事实。

我自己对这一点的认识，是自我看见一只狼死去的那一天开始的。当时我们正在一个高高的峭壁上吃午饭。峭壁下面，一条湍急的河蜿蜒流过。我们看见一只雌鹿——当时我们是这样认为——正在涉过这条急流，它的胸部淹没在白色的水中。当它爬上岸朝向我们，并摇晃它的尾巴时，我们才发现我们错了；这是一只狼。另外还有六只显然是正在发育的小狼也从柳树丛中跑了出来，它们喜气洋洋地摇尾巴，嬉戏搅在一起。它们确确实实是一群就在我们的峭壁之下的空地上蠕动和互相碰撞的狼。

在那些年代里，我们从未听说过会放过打死一只狼的机会那种事。在一秒钟之内，我们就把枪弹上了膛，而且兴奋的程度高于准确；怎样往一个陡峭的山坡下瞄准，总是不大清楚的。当我们的来复枪膛空了时，那只狼已经倒了下来，一只小狼正拖一条腿，进入到那无动于衷的静静的岩石中去。

当我们到达那只老狼的所在时，正好看见在它眼中闪烁的、令人难受、垂死时的绿光。这时，我察觉到，而且以后一直是这样想，在这双眼睛里，有某种对我来说是新的东西，是某种只有它和这座山才了解的东西。当时我很年轻，而且正是不动扳机就感到手痒的时期。那时，我总是认为，狼越少，鹿就越多，因此，没有狼的地方就意味是猎人的天堂。但是，在看到这垂死时候的绿光时，我感到，无论是狼，或是山，都不会同意这种观点。

自那以后，我亲眼看见一个州接一个州地消灭了它们所有的狼。我看见过许多刚刚失去了狼的山的样子，看见南面的山坡由于新出现的弯弯曲曲的鹿径而变得皱皱巴巴。我看见所有可吃的灌木和树苗都被吃掉，先变成无用的东西，然后则死去。我看见每一棵可吃的、失去了叶子的树只有鞍角那么高。这样一座山看起来就好像什么人给了上帝一把大剪刀，并禁止了所有其他的活动。结果，那原来渴望食物的鹿群的饿殍，和死去的艾蒿丛一起变成了白色，或者就在高出鹿头的部分还留有叶子的刺柏下腐烂掉。这些鹿是因其数目太多而死去的。

我现在想，正是因为鹿群在对狼的极度恐惧中生活，那一座山就要在对它的鹿的极度恐惧中生活。而且，大概就比较充分的理由来说，当一只被狼拖去的公鹿在两年或三年就可得到补替时，一片被太多的鹿拖疲惫了的草原，可能在几十年里都得不到复原。

牛群也是如此，清除了其牧场上的狼的牧牛人并未意识到，他取代了狼用以调整牛群数目以适应其牧场的工作。他不知道像山那样来思考。正因为如此，我们才有了尘暴，河水把未来冲刷到大海去。

我们大家都在为安全、繁荣、舒适、长寿和平静而奋斗。鹿用轻快的四肢奋斗，牧牛人用套圈和毒药奋斗，政治家用笔，而我们大家则用机器、选票和美金。所有这一切带来的都是同一种东西：我们这一时代的和平。用这一点去衡量成就，全部是很好的，而且大概也是客观的思考所不可缺少的，不过，太多的安全似乎产生的仅仅是长远的危险。也许，这也就是梭罗的名言潜在的含义。这个世界的启示在荒野。大概，这也是狼的嗥叫中隐藏的内涵，它已被群山所理解，却还极少为人类所领悟。（摘选自《沙乡年鉴》）

【注释】
①嗥叫，háo jiào形容动物的大声嚎叫。

【阅读提示】

人类受自己认识水平的局限，对赖以生存的世界确实缺乏全面的了解，囿于人类中心的思维，错误地认为万物皆应顺服于人类，服务于人类。人类的强大，导致了人类的狂妄，而人类的狂妄，导致了生存环境的失衡，最终毁坏了自然，惩戒了自己。面对今天已经不再宜居的生态环境，人类该做怎样的思考？

像山那样思考，是作者对人与自然关系的处理方式的深刻反思。人并不是大自然的主人，生态环境有它自己的平衡法则，自然怀抱中的万物，有它既定的生态伦理，需要我们人类去重新认识。在生态环境保护和生态伦理的角度来看，我们不比一座山更高明。我们与自然万物的关系，和一座山同自然万物的关系并无二致。

开篇是对一声狼嗥的特写。文笔简洁传神，携裹着作者深深的忧虑意识——他把诗意的叙写和深刻的生态忧虑杂糅在这声狼嗥中，给人以灵魂的震撼。接下来的一段记写了鹿、郊狼、牧羊人、猎人对这声狼嗥的反应。作者进而指出，在浅层的希望和恐惧之后，还有更深刻的、只有这座山能听懂的含义。作者将一种深刻的生态伦理问题以极其形象而富有诗意的语言表述出来，引起读者的关注与思考。

第四至九段在讲述狼被猎杀的命运以及狼被消灭以后留下的生态恶果。这些平实的记叙之后，人们渐渐能够意识到，狼的嗥叫声中所饱含的生态价值和生命意义。狼的消失，意味着为某种生存现状吹响了告别的号角，意味着我们的后代失去了一种可贵的生存的经验——人类对动物的捕杀已经造成了草原和高山植被的无可挽回的退化。自私的人类，付出生态环境恶化的代价换取了所谓物质文明的进步，却留下了一个伤痕累累的地球。利奥波德在文中的悲悯和忧虑让读者看到了一颗高贵而敏感的心灵，读过此文，应该能够听到利奥彼德的大声疾呼了。

像山那样思考，是作者对人与自然关系的处理方式的良好建议，是这种建议的诗的表达方式。人并不是大自然的主人，在生态环境保护和生态伦理的角度来看，我们不比一座山更高明。我们与自然万物的关系，和一座山同自然万物的关系并无二致。

【讨论思考】

1.简述狼的嗥叫中隐藏的生态环境内涵。

2.我们应当以怎样的方式与自然相处？

名画欣赏

郎世宁——《百骏图》（局部）

Giuseppe Castiglione（1688—1766），中国名郎世宁。意大利米兰人。耶稣会教士，二十七岁来华传教，后以绘事供奉朝廷，历仕康熙、雍正、乾隆三朝。兼擅人物、花卉、鸟兽；动物中，以马画最多，亦最传神。《百骏图》，中国十大传世名画之一，意大利籍清代宫廷画家郎世宁作品，图卷，纵：94.5公分，横：776.2公分。

画面为放牧游息于草原的场面。其图共绘有100匹骏马，姿势各异，或立，或奔，或跪，或卧，可谓曲尽骏马之态。画面的首尾各有牧者数人，控制着整个马群，体现了一种人与自然界其他生物间的和谐关系。在表现手法上，郎世宁充分展现了欧洲明暗画法的特色，马匹的立体感十分强，用笔细腻，注重于动物皮毛质感的表现。

人畜共居的村庄

刘亮程

刘亮程，作家，1962年出生在新疆古尔班通古特沙漠边缘的一个小村庄。著有诗集《晒晒黄沙梁的太阳》，散文集《风中的院门》《一个人的村庄》《库车》等。被誉为"乡村哲学家"。

有时想想，在黄沙梁做一头驴，也是不错的。只要不年纪轻轻就被人宰掉，拉拉车，吃吃草，亢奋时叫两声，平常的时候就沉默，心怀驴胎，想想眼前嘴前的事儿。只要不懒，一辈子也挨不了几鞭。况且现在机器多了，驴活得比人悠闲，整日在村里村外溜达，调情撒欢。不过，闲得没事对一头驴来说是最最危险的事。好在做了驴就不想这些了，活一日乐一日，这句人话，用在驴身上才再合适不过。

做一条小虫呢，在黄沙梁的春花秋草间，无忧无虑把自己短暂快乐的一生挥霍完。虽然只看见漫长岁月悠悠人世间某一年的光景，却也无憾。许多年头都是一样的，麦子青了黄，黄了青，变化的仅仅是人的心境。

做一条狗呢？

或者做一棵树，长在村前村后都没关系，只要不开花，不是长得很直，便不会挨斧头。一年一年地活着。叶落归根，一层又一层，最后埋在自己一生的落叶里，死和活都是一番境界。

如此看来，在黄沙梁做一个人，倒是件极普通平凡的事。大不必因为你是人就趾高气扬，是狗就垂头丧气。在黄沙梁，每个人都是名人，每个人都默默无闻。每个牲口也一样，就这么小小的一个村庄，谁还能不认识谁呢。谁和谁多少不发生点关系，人也罢牲口也罢。

你敢说张三家的狗不认识你李四。它只叫不上你的名字——它的叫声中有一句可能就是叫你的，只是你听不懂。也从不想去弄懂一头驴子，见面更懒得抬头打招呼，可那驴却一直惦记着你，那年它在你家地头吃草，挨过你一锨。好狠毒的一锨，你硬是让这头爱面子的驴死后不能留一张完整的好皮。这么多年它一直在瞅机会给你一蹄子呢。还有路边泥塘中的那两头猪，一上午哼哼叽叽，你敢保证它们不是在议论你们家的事。猪夜夜卧在窗根，你家啥事它不清楚。

对于黄沙梁，其实你不比一只盘旋其上的鹰看得全面，也不会比一匹老马更熟悉它的路。人和牲畜相处几千年，竟没找到一种共同语言，有朝一日坐下来好好谈谈。想必牲口肯定有许多话要对人说，尤其人之间的是是非非，牲口肯定比人看得清楚。而人，除了要告诉牲口"你必须顺从"外，肯定再不愿与牲口多说半句。

人畜共居在一个小村庄里，人出生时牲口也出世，傍晚人回家牲口也归圈。弯曲的黄土路上，不是人跟着牲口走便是牲口跟着人走。

人踩起的尘土落在牲口身上。

牲口踩起的尘土落在人身上。

家和牲口棚是一样的土房，墙连墙窗挨窗。人忙急了会不小心钻进牲口棚，牲口也会偶尔装糊涂走进人的居室。看上去你们似亲戚如邻居，却又根本不是那么回事，日子久了难免把你们认成一种动物。

比如你的腰上总有股用不完的牛劲；你走路的架势像头公牛，腿叉得很开，走路一摇三摆；你的嗓音中常出现狗叫鸡鸣；别人叫你"瘦狗"是因为你确实不像瘦马瘦骡子；多少年来你用半匹马的力气和女人生活和爱情。你的女人，是只老鸟了还那样依人。

数年前的一个冬天，你觉得一匹马在某个黑暗角落盯你。你有点怕，它做了一辈子牲口，是不是后悔了，开始揣摸人。那时你的孤独和无助确实被一匹马看见了。周围的人，却总以为你是快乐的，像一只无忧无虑的夏虫，一头乐不知死的驴子、猪……

其实这些活物，都是从人的灵魂里跑出来的。上帝没让它们走远，永远和人待在一起，让人从这些动物身上看清自己。

而人的灵魂中，其实还有一大群惊世的巨兽被禁锢着，如藏龙如伏虎。它们从未像狗一样咬脱锁链，跑出人的心宅肺院。偶尔跑出来，也会被人当疯狗打了，消灭了。

在人心中活着的，必是些巨蟒大禽。

在人身边活下来的，却只有这群温顺之物了。

人把它们叫牲口，不知道它们把人叫啥。

【阅读提示】

这是摘自刘亮程散文集《一个人的村庄》中的一篇文章。或许我们生活在冰冷的城市太久，或许我们的心早已麻木不仁，然而透过这篇文章，我们感受到了灵魂与灵魂的对话，那些曾经被我们忽视的、轻视的、鄙视的灵魂，正用他们的语言表达着他们的倔强、他们的苦闷、他们的懦弱和反抗……并无言地印证着我们的悲哀。或许，灵魂之间生而平等，却一直被我们无视着。

余秋雨在《关于善良》中说过：敬畏生命必然慈悲。试想我们天天嫉妒和轻视的对象，也同样是天地间奇迹般的造化，居然与我们存活于同时同地，又同路同行，实在是太大的缘分。"百年修得同船渡"，这种说法不仅毫不夸张，在我看来还说得不够。请看辽阔的旷野连一点生命的踪迹都找不到，等一只飞鸟都要等上多少年，而要在宇宙间寻找生命，一开口就是多少光年，以光的速度搜索千年万年还未曾搜索到一点依稀的痕迹，我们只修个区区百年竟然能遇到与我们精确对应的生灵同船共欢？万般珍惜还来不及呢，怎舍得互相糟践！为了阻止糟践，我们有时也要高声断喝，甚至施行惩罚，但这全然是出于对生命群体的慈悲。

【讨论思考】

1.人和自然界中的其他生物应该是什么关系？

2.我们对自然应是抱有怎样的情怀？

名画欣赏

莫奈——《日出·印象》

克劳德·莫奈（1840—1926），法国著名艺术家、画家。1840年出生于法国巴黎，这幅油画作品是莫奈最著名印象派代表作，该画是印象主义绘画的开山之作，它标志着印象派绘画的产生。该派别强调自然界的光和色，把光与色的变化作为绘画的主流。莫奈被认为是第一个采用外光技法进行绘画的印象派大师。

莫奈的《日出·印象》描绘的是勒阿弗尔港一个多雾的早晨，透过薄雾观望阿佛尔港口日出，晨曦笼罩下的海水呈现出橙黄色或淡紫色，天空被各种色块渲染，再现强烈的大气反光中形成的表面的色彩。直接戳点的绘画笔触描绘出晨雾中不清晰的背景，多种色彩赋予了水面无限的光辉，并非准确地描画使那些小船依稀可见。真实地描绘了法国海港城市日出时的光与色给予画家的视觉印象。

案例讨论

阅读下文，讨论：1.我们人类应如何与自然环境和谐相处？2.面对诸多人类生存危机，我们如何应对？

人类的困境——爆炸式发展的恶果

喻传赞[①]

目前人类的生存正面临着巨大的威胁。请看如下事实：

一、"人口爆炸"

人类是在距今一万年前地球转暖后创建文明的，有记载的文明史仅有5000年，估计当时全球人口约1000万，至公元元年为2.5亿，至1600年达5亿，1830年增至10亿，1930年为20亿，1975年至40亿，预计2000年超过60亿。人口增长表明是一条几何级数增长曲线，且已过转折点，现以每35年倍增趋势至2010年可达80亿。

地球到底能养活多少人？笔者曾从世界淡水资源和食物资源两方面作过估计，全球极限

---

① 喻传赞，男，1935年9月生，浙江省杭州市人。云南大学物理系教授。曾参与筹建昆明物理研究所、昆明宇宙线研究所和中微子实验，并受中国科学院数理学部委托做中日合作质子衰变的实验选点工作。

养活人数为100亿，而最佳生存环境需将人口控制在50亿以内，对于我国，极限养活人数为14亿，最佳生存环境应为7亿以内。若我国在2000年将人口控制在12亿，必须年净增率在千分之九以下，而且在2010年达到高峰13亿；若按目前的净增率，2000年将达12.5亿，高峰时可超过14亿。

在人们的传统观念中，有所谓"地大物博""众人拾柴火焰高"的说法，殊不知，它忽视了两个重要方面：一是地球不能扩大；二是作为维系生命三要素的阳光、空气和水，并非"取之不尽、用之不竭"。

二、土地沙漠化

据联合国调查表明，目前沙漠化面积占陆地总面积的16%，还有43%的土地（在64个国家）面临沙漠化的威胁。四大文明古国的发祥地，沙漠化得很厉害，这是过度垦殖后大自然的报复。

世界森林面积由5000年前的76亿公顷，1860年减至55亿公顷，1975年降到26亿公顷，1986年仅有23亿公顷。现在森林正以每天3万公顷的速度在消失，每年减少1100万公顷。以此速度只需210年就砍光了，届时地球将完全失去"肺"的功能。

非洲出现了近20年的干旱，撒哈拉大沙漠21世纪以来扩大了70万平方公里，4.5亿非洲居民有1.5亿在挨饿，22000平方公里的乍得湖完全干涸。

我国两片大的热带雨林——新中国成立初，海南岛有1300万亩，覆盖率占23%，1979年为367万亩，覆盖率仅7%；西双版纳1960年有1290万亩，覆盖率为56%，而1982年只有800万亩，占30%，且有逐年减少的趋势。黄河的泥沙含量是世界之最，下游成为著名的地上悬河，渤海也许将于500年后填平消失。昔日丝绸之路上繁华的楼兰古国已成为考古遗址，罗布泊已于1965年干涸，黄河以北的大运河也于1976年后断流停航，土地盐碱化日益严重，全国324个大中城市有180多个缺水，难道这些已经发生和正在进行的事实还不值得深思吗？

三、严重的工业污染

据我国医学界研究表明，80%以上的癌症与环境污染有关。现在地球上的岩石、水、土壤、空气和生命五大圈都已被污染，甚至南极和北极也不能例外。严重的酸雨70年代以每天灭绝一种生物的速度在前进，现在加速至几小时一升。空气中二氧化碳含量不断增高，产生的温室效应到20世纪末将使海平面上升0.4～1.4米，如此下去，100年后，世界所有沿海的大城市都将泡在海水之中。

现在化学制品已超过500万种，并以每年2000种新产品的速度在增加。1985年印度博帕尔市的联合碳化物公司生产的多氯联苯毒气泄漏，造成2500人死亡，10万人中毒。1986年瑞士三多士农药厂起火，大量农药和18吨汞流入莱茵河，使这条号称欧洲生命线的河流受到严重污染。

现在，噪声、放射性、垃圾、重金属、农药、石油等污染比比皆是，使大片森林枯死，海洋生物大量减少，就连文物古迹也不能幸免于难。

四、核大战

美国和苏联两国拥有的核武器折合TNT当量，按世界人口平均，每人达数十吨，即可以毁灭地球若干次。自1945年爆炸原子弹以来，共在地球上试验核武器超过1500次，其中在大气层中爆炸约500次。1962年由于在大气层中爆炸了高吨位的氢弹和原子弹后，使当年大气层中放射性，^{14}C的含量猛增一倍。

据在广岛长崎对距爆心附近的植物研究表明，染色体畸变最严重，像羊齿类植物等都长不大。美科学家推测在发生核大战后，首先在地球上燃起森林大火，烟雾弥漫，产生持续数年的核冬天，即使幸存者也将冻饿而死。美国和苏联两国均意识到打一场核大战的后果，于是美国搞星球大战计划，企图占领外层空间的制空权，苏联则发展粒子束武器和空间站，军备竞赛愈演愈烈。

五、天文因素。这是人类尚无法控制的灾变。

（1）超新星爆发：有史记载的超新星爆发为9次，平均每300年一次，每次地球都伴随有明显降温。这9次距地球都大于5000光年；若产生一次1000光年距离的超新星爆发，对地球的影响是巨大的，但这种概率微乎其微。现距最后的一次超新星爆发已过去300多年了，何时爆发目前尚难预测。

（2）磁极倒转：地磁场每50万年—100万年要倒转一次，根据人造卫星测量表明，大约再过1e00年后地磁场将消失，地球将失去磁层、辐射带和电离层的保护，气候会出现较大异常，宇宙射线可以直接进入地球，人类将面临一场灾难。

（3）小行星或彗星与地球发生碰撞：研究地质历史时期，发现有约2600万年的生物灭绝周期，坠入地球的陨石和微彗星年年皆有，问题是若有一颗直径10公里左右的小行星或彗星和地球发生碰撞，后果与一场核大战相似，不幸者被灭绝了，幸存者得到了更有利的发展，这种概率需几千万年才会碰上一次。

至于地球上大的造山运动和大冰期则需上亿年才会发生一次，但从来都并未造成地球上所有生命的完全灭绝，因此，具有高度文明的当代人是完全可以渡过的。

只要人类不造成一个自我毁灭的环境，人类是不易灭绝的。但是由于人类自身繁衍过快，这种危险是存在的。且看由于人口过度增长而带来的四大危机。

（一）水源危机：每个地区能生活多少人，主要是由水源决定的，历史上由于缺水而导致一个城堡、一个民族毁灭的例子不少。据估测，全球有水140亿亿吨，海水占97%，冰川水占2%，地下淡水占0.76%。世界年降水量共570万亿吨，陆地为170万亿吨，有众多的动植物生命需要水，其中河水年径流量为47万亿吨，因此能供给人类生存用水的上限量为50万亿吨，即目前每人平均可分享1万吨水。若按较科学的食物水平，每人每天吃粮食0.5斤、水果0.5斤、蔬菜1斤（按1∶100需水量计算），食用肉蛋鱼奶共1斤（按1∶30000计算），则年需水量每人为6000吨，则用于工业和个人饮用及卫生的水量每人年均仅4000吨了，这并不足一个富裕的数字，而且分配各地差别是很大的，这里仅作平均而粗略的估计。

当今世界多数用水极不合理，浪费太大。每年工业废水2万亿吨排入河湖中，造成15万亿吨水质污染，占河水径流量的1／3。加之粪便等污物大都排入江河，水质污染是非常严重的。有的国家人们喜欢饮用矿泉水，且把食用水与非饮用水严格分开。

我国人口密度是世界平均的4倍，用水问题也相当严重。比如上海需铺设专用管道至长江中取水饮用，华北平原表层地下水苦涩，盐碱度很高，特别是氟含量过高。

（二）食物危机：目前全人类花了极大的努力，年产粮食不足20亿吨，这仅能维持50亿人口的基本温饱。人们企图得到更多的粮食，就得毁林开荒、围湖造田，却又破坏了生态平衡，造成恶性循环。向海洋索取动物蛋白，可是现年海洋捕捞量超过1亿吨，已超过了海洋生物的承受能力，加之海洋受到污染，名贵鱼产量逐年下降，多种鲸类数量已屈指可数，濒临灭绝的境地。

（三）资源危机：笔者认为不存在能源危机。人类当前所用能源的总和，尚不到太阳给予地球能量的万分之一。但是地球的资源却很有限，所谓的"能源危机"实则是化石燃料——石油和煤的资源危机。另外如铁、铜等矿产资源，仅能供人类开采100年即告枯竭，当然还可回收再用，故要珍惜资源。

（四）生态危机：人们应当作一番深刻反思的时候到了。人类是否在创造物质文明的同时制造了一个不适于人类生存的环境？是否由于人类自身繁衍过度而使整个自然生态链中的主环失去平衡而造成的？虽然人是万物之灵，主宰着世界，但是"物极必反"的法则同样适用于人类，当世界上大多数物种濒于灭绝时，人类也不能幸免。

在科学发达进入信息社会的今天，人们可以预见未来，控制未来，认识到我们共同生存的地方只有一个地球，应该争取一个美好的生存环境。

现在，归根结底就是如何控制人口的过多繁衍的问题。

名画欣赏

托马斯·科尔——《洪水退去》

托马斯·科尔（Thomas Cole，1801—1848）是哈德逊河画派的创始人。他出生于英格兰，少年时代曾学习过工艺美术设计，17岁随家人迁往美国俄亥俄州，后进宾州美术学院学习。1825年科尔定居于纽约，成为一个有名气的风景画家。他的绘画采用古典手法描绘，富有浪漫的情调，关于纽约和新英格兰的浪漫主义风景画最为著名，如《白山峡谷》（克劳福德峡谷）、《美洲湖景》及《奥克斯博》（靠近北安普顿的康涅狄格河）。他还创作讽喻画，包括《生命旅行》《建筑师的梦想》等。

《洪水退去》创作于1829年，是根据神话故事《诺亚方舟》而进行创作的。现收藏于美国华盛顿美术馆。传说很久很久以前，上帝创造了人类，但是随着时间的推移，在人世间出现了太多太多的罪恶，上帝非常后悔，决定要处罚人类，但是又不想让自己辛苦创造出的人类完全灭亡，上帝选择了人类中一个淳朴善良的名叫诺亚的人带着家人制造方舟进行避难，同时告诉诺亚，叫他把人世间的各个物种各带上一些，以便于延传这些生命的后代。在诺亚建造出方舟并且把需要带的家人和动物等带入方舟后，上帝发下了特大的洪水，洪水淹没了山川，大地上的人类、动物等全都灭绝，只剩下方舟中的一些生命得以延传。科尔就是根据这样一个神话故事，创作出了这样一幅画面。

这幅画描绘了洪水退去后的情景，画面中间的诺亚方舟飘浮在平静的海面上，鸽子在画面中央飞翔，大树被洪水抛落在岸边，画面前景部分散落着一些人骨，充分体现了大洪水后悲惨的景象。科尔的风景画雄浑有力，色彩艳丽而富有激情，在这幅画面中有着充分的表现。

拓展阅读

瓦尔登湖（节选）

亨利·梭罗

亨利·梭罗（Henry David Thoreau，1817—1862），美国著名作家、自然主义者、改革家和哲学家。1817年7月12日生于美国麻塞诸赛州康科德镇，曾就读康科德学院，16岁即进入哈佛大学。1845年春，28岁的他在瓦尔登湖湖滨建起木屋，开始过与自然融为一体、自给自足的简朴生活。他在此生活了两年，不断对世界进行深刻思考，写出了影响世人至深的著作《瓦尔登湖》（1854年出版）。梭罗一生共创作了二十多部一流的散文集，被称为自然随笔的创始者，其文简有力，朴实自然，富有思想性，在美国19世纪散文中独树一帜。

火车从来不停下来欣赏湖光山色；然而我想那些司机、伙夫、制动手和那些买了月票的旅客，常看到它，多少是会欣赏这些景色的。司机并没有在夜里忘掉它，或者说他的天性并没有忘掉它，白天他至少有一次瞥见这庄严、纯洁的景色。就算他看到的只有一瞥，这却已经可以洗净国务街和那引擎上的油腻了。有人建议过，这湖可以称为"神的一滴"。

我说过，是看不见它的来龙去脉的，但一面它与莆灵特湖远远地、间接地相连，莆灵特湖比较高，其中有一连串的小湖沼通过来，在另一面显然它又直接和康科德河相连，康科德河比较低，却也有一连串的小湖沼横在中间，在另一个地质学的年代中，它也许泛滥过，只要稍为挖掘一下，它还是可以流到这儿来的，但上帝禁止这种挖掘，如果说，湖这样含蓄而自尊，像隐士一样生活在森林之中已经这么久，因此得到了这样神奇的纯洁，假如莆灵特湖的比较不纯洁的湖水流到了它那里，假如它自己的甘冽的水波又流到了海洋里去，那谁会不抱怨呢？

莆灵特湖或称沙湖，在林肯区，是我们最大的湖或内海，它位于瓦尔登以东大约一英里的地方。它要大得多了，据说有一百九十六英亩，鱼类也更丰富，可是水比较浅，而且不十分纯洁。散步经过森林到那里去一次，常常是我的消遣。即使仅仅为了让风自由地扑到你的脸庞上来，即使仅仅为了一睹波浪，缅想着舟子的海洋生活，那也是值得的。秋天，刮风的日子，我去那里拣拾栗子，那时栗子掉在水里，又给波浪卷到我的脚边。有一次我爬行在芦苇丛生的岸边，新鲜的浪花飞溅到我脸上，我碰到了一只船的残骸，船舷都没有了，在灯芯草丛中，几乎只剩一个平底的印象；但是它的模型却很显明地存在，似乎这是一个大的朽烂了的甲板垫木，连纹路都很清楚。这是海岸上人能想象到的给人最深刻印象的破船，其中也含有很好的教训。但这时，它只成了长满植物的模型和不显眼的湖岸了，菖蒲和灯芯草都已生长在中间。我常常欣赏北岸湖底沙滩上的涟漪痕迹，湖底已经给水的压力压得很坚硬，或涉水者的脚能感觉到它的硬度了，而单行生长的灯芯草，排成弯弯曲曲的行列，也和这痕迹符合，一行又一行，好像是波浪把它们种植的。在那里，我还发现了一些奇怪的球茎，数量相当多，显然是很精细的草或根，也许是谷精草根组成的，直径自半英寸到四英寸，是很完美的圆体。这些圆球在浅水的沙滩上随波滚动，有时就给冲到了岸上来。它们若不是紧密的草球，便是中心有着一包细沙的。起初，你会说这是波浪的运动所造成的，就像圆卵石；但是最小的半英寸的圆球，其质地也粗糙得跟大的那些一样，它们只在每年的一个季节内产生。我怀疑，对于一个已经形成的东西，这些波浪是破坏多于建设。这些圆球，出水以后还可以把它们的形状保持一定的时期。

莆灵特的湖！我们的命名就这样子的贫困！在这个水天之中耕作，又强暴地糟蹋了湖岸的一个污秽愚昧的农夫，他有什么资格用他自己的姓名来称呼这一个湖呢？很可能是一个悭吝的人，他更爱一块大洋或一只光亮的角子的反光，从中他可以看到自己那无耻的厚脸；连野鸭飞来，他也认为它们是擅入者；他习惯于残忍贪婪地攫取东西，手指已经像弯曲的鹰爪，这个湖的命名不合我的意。我到那里去，绝不是看这个莆灵特去，也绝不是去听人家说起他；他从没有看见这个湖，从没有在里面游泳过，从没有爱过它，从没有保护过它，从没有说过它一个好字眼儿，也从没有因为上帝创造了它而感谢过上帝。这个湖还不如用在湖里游泳的那些鱼的名字，用常到这湖上来的飞禽或走兽的名字，用生长在湖岸上的野花的名字，或者用什么野人或野孩子的名字，他们的生命曾经和这个湖交织在一起的；而不要用他的名字，除了同他志趣相投的邻人和法律给他的契据以外，他对湖没有什么所有权，——他只想到金钱的价值；他的存在就诅咒了全部的湖岸，他竭尽了湖边的土地，大约还要竭泽而渔呢；他正在抱怨的只是这里不是生长英吉利干草或蔓越橘的牧场，——在他看来，这确实是无法补偿的，——他甚至为了湖底的污泥可以卖钱，宁愿淘干湖水。湖水又不能替他转动磨子，他不觉得欣赏风景是一种权利。我一点不敬重他的劳动，他的田园处处都标明了价格，他可以把风景，甚至可以把上帝都拿到市场上去拍卖，如果这些可以给予他一些利益；他到市场上去就是为了他那个上帝；在他的田园上，没有一样东西是自由地生长的，他的田里没有生长五谷，他的牧场上没有开花，他的果树上也没有结果，都只生长了金钱；他不爱他的水果的美，他认为非到他的水果变成了金钱时，那些水果才算成熟。让我来过那真正富有的贫困生活吧。越是贫困的农夫们，越能得到我的敬意与关切！居然是个模范农场！那里的田舍像粪坑上的菌子一样耸立着，人、马、牛、猪都有清洁的或不洁的房间，彼此相互地传染！人像畜生一样住在里面！一个大油渍，粪和奶酪的气味混在一起！在一个高度的文明底下，人的心和人的脑子变成了粪便似的肥料！仿佛你要在坟场上种上豆！这样便是所谓的模范农场！

不成，不成；如果最美的风景应以人名称呼，那就用最高贵、最有价值的人的名字吧。我们的湖至少应该用伊卡洛斯海这样的真正的名字，在那里，"海上的涛声依然传颂着一次勇敢的尝试"呢。

鹅湖较小，在我去弗灵特湖的中途；美港，是康科德河的一个尾闾，面积有七十英亩，在西南面一英里之处；白湖，大约四十英亩面积，在美港过去一英里半之处。这便是我的湖区。这些，再加上康科德河，是我的湖区；夜以继日，年复一年，他们碾压着我送去的米粮。

自从樵夫、铁路和我自己玷辱了瓦尔登以后，所有这些湖中最动人的，即使不是最美丽的，要算白湖了，它是林中之珠宝；由于它太平凡了，也很可怜，那命名大约是来源于水的纯洁，或许由于沙粒的颜色。这些方面同其他方面一样，和瓦尔登湖相比，很像孪生兄弟，但略逊一筹。它们俩是这样的相似，你会说它俩一定是在地下接连的。同样的圆石的湖岸，水色亦同。正如在瓦尔登，在酷热的大伏天穿过森林望一些不是顶深的湖湾的时候那样，湖底的反映给水波一种雾蒙蒙的青蓝色，或者说海蓝色的色彩。许多年前，我常到那里去，一车车地运回沙子来制成砂纸，后来我还一直前去游玩。常去游玩的人就想称它为新绿湖。由于下面的情况，也许还可以称它为黄松湖。大约在十五年之前，你去那儿还可以看到一株苍松的华盖，这一种松树虽不是显赫的植物，但在附近这一带有人是称之为黄松的。这株松树伸出在湖的深水之上，离岸有几杆。所以，甚至有人说这个湖下沉过，这一棵松树还是以前在这地方的原始森林的残遗，这话远在一七九二年就有人说起，在马萨诸塞州历史学会藏书库中，有一个该州的公民写过一部《康科德镇志》，在那里面，作者谈到了瓦尔登和白湖之后，接着说，"在白湖之中，水位降低之后，可以看到一棵树，好像它原来就是生长在这里的，虽然它的根是在水面之下五十英尺之深处，这棵树的树顶早已折断，没有了，这折断的地方直径计十四英寸"。一八四九年春天我跟一个住在萨德伯里，最靠近这湖沼的人谈过一次话，他告诉我十年或十五年之前把这棵树拿走的正是他自己。据他所能记得的是，这树离湖岸十二至十五杆，那里的水有三、四十英尺深。这是冬天，上午他去取冰，决定下午由他的邻居来帮助，把这老黄松取去。他锯去了一长条冰，直锯到岸边，然后动用了牛来拖树，打算把它拔起，拖到冰上；可是还没有进行得很久，他惊异地发现，拔起的是相反的一头，那些残枝都是向下的，而小的一头却紧紧地抓住了沙的湖底。大的一端直径有一英尺，原来他希望得到一些可以锯开的木料，可是树干已经腐烂得只能当柴火，这是说如果要拿它当柴火的话。那时候，他家里还留着一点，在底部还有斧痕和啄木鸟啄过的痕迹。他以为这是湖岸上的一棵死树，后来给风吹到湖里，树顶浸满了水，底部还是干燥的，因此比较轻，倒入水中之后就颠倒过来了。他的八十岁的父亲都不记得这棵黄松是什么时候不见的。湖底还可以见到一些很大的木料，却因为水面的波动，它们看上去像一些蜿蜒的巨大的水蛇。

这一个湖很少给船只玷污，因为其中很少吸引渔夫的生物。也没有需要污泥的白百合花，也没有一般的菖蒲，在那纯洁的水中，稀少地生长着蓝菖蒲（学名Irisversicolor），长在沿岸一圈的湖底的圆石上，而在六月中，蜂鸟飞来了，那蓝色的叶片和蓝色的花，特别是它们的反光，和那海蓝色的水波真是异常地和谐。

白湖和瓦尔登湖是大地表面上的两块巨大的水晶，它们是光耀的湖，如果它们是永远地冻结了的，而且又小巧玲珑，可以拿取的，也许它们已经给奴隶们拿了去，像宝石一样，点缀在国王的王冠上了；可是，它的液体也很广大，所以永远保留给我们和我们的子孙了，我们却抛弃了它们，去追求可希偌大钻石了，它们真太纯洁，不能有市场价格，它们没被污染。它们比起我们的生命来，不知美了多少，比起我们的性格来，不知透明了多少！我们从不知道它们有什么瑕疵。和农家门前，鸭子游泳的池塘一比较，它们又不知秀丽了多少！清洁的野鸭到了这里来。在大自然界里，还没有一个人间居民能够欣赏她。鸟儿连同它们的羽毛和乐音，是和花朵谐和的，可是有哪个少年或少女，是同大自然的粗犷华丽的美协调的呢？大自然极其寂寞地繁茂着，远离着他们居住的乡镇。

市场经济与个体幸福

刘宝成

经济学（Economics）一词源于古希腊，原意是指家政管理，即如何安排家庭的收支，过上安定幸福的日子。可见，经济学与我们的日常生活息息相关。如今作为一门学科，它集中研究人们如何合理地配置和有效地利用有限的资源，以便在最大限度上满足人们无限的欲求。面对无限的欲求和有限的资源这样一对看似无法调和的矛盾，通常的方法无非是，一方面扩大资源的供应，另一方面减少对资源的消耗。也就是我们通常所说的开源节流，或者更通俗一点，勤俭。勤，是通过积极的劳动来获取更多的资源；俭，是通过控制花费来节省资源。在日常生活中，我们说某人"过日子"，就是在夸赞这个人勤俭的美德。

不过，经济学中还有两个重要的命题，可以帮助人们在资源既定的情况下来收获最大的效用，也就是在最大限度上满足需求。

第一：一种资源往往有多重功用，发挥其不同的功用可以产生不同的效益。在经济学里，这叫作生产可能性曲线。一棵原木，可以用作劈柴生火做饭，也可以用来制作家具，而如果丢弃在马路上，就会影响车辆通行，造成交通事故如图原木的生产可能曲线所示。可见，要深入了解资源的各种功用，就必须开阔眼界，掌握必要的科学知识和社会知识。

第二：同样数量的多种资源，经过不同的配置，会

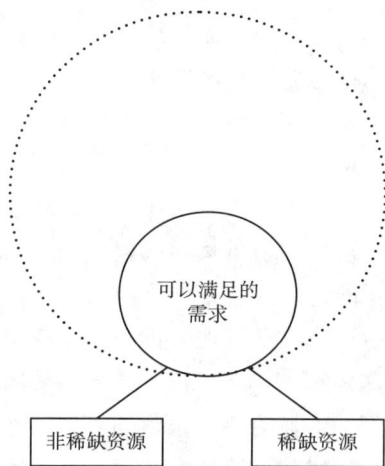

经济学的基本命题

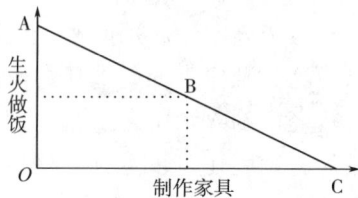

原木的生产可能曲线

产生不同的功效，田忌赛马的例子就说明了这一点。所以，经济学的核心任务就是针对既定的资源进行合理配置并加以有效利用，使之发挥最大的效用。相反，任何资源，倘若不能得到合理配置，就会产生三种可能的结果：①降低了效用，②变成了垃圾，甚至，③构成了危害。

所以，要过好日子，仅靠克勤克俭还不够，我们还需要了解经济学的基本知识，以便掌握资源的最优配置方法，做到"惠而不费"。俗谚说，吃不穷，花不穷，算计不到才受穷。

资源是任何可以满足人们欲求（即，有用）的东西，它既包括有形的物品，也包括无形的服务、思想、时间、精力等。有些资源是自己拥有的，或者是可以受自己支配的，它被称之为私用品；另外一些则需要从外部获取。外部的资源又可以分为两种，一种是免费的，称为公共品，比如人们日常呼吸的空气；另一种则需要用自己的资源去和他人交换，称为私营品。在私用和公用品之间，人们大多都倾向于少用前者，而少用后者，甚至设法将后者转化成前者。比如，工厂为了节省污水处理的成本，而选择把污水倾倒在公共的河流里；或者，在公共空间里私自搭建棚屋。在经济学里，这叫作负外部性。

自原始社会没落以来，特别是随着商品经济的日臻发达，公共品的空间不断缩小，而私用品的空间日趋扩张，品种亦层出不穷。如今，罐装水、氧气吧等等，把地球上最后一点公共品也商品化了。相应地，由于社会分工的细化，传统社会中的免费互助也逐步由商业化的服务所取代。过去的同事或邻居帮忙搬家，如今已交给了专业的搬家公司；旅行中的指路也被商家的GPS导航所代替。

当私权出现以后，界定并保护私权构成了社会秩序的核心。先秦时期，思想家慎子就曾明确指出私权对于社会稳定的重要性：一兔走，百人追之。积兔于市，过而不顾。非不欲兔，分定不可争也。意思是说，一只尚未明确归属的野兔，众人都争相追捕，力图将该公共品变成私营品。然而，当很多兔子在集市上售卖的时候，人们反而不争抢了，不是他们不想得到兔子，而是因为这些兔子已经有了明确的归属，而争抢属于别人的兔子会受到法律的制裁和公众的谴责。由此可见，产权明晰构成了市场经济的基础，而法治和相应的道德准则又对市场经济的有序运行提供了根本的保障。在市场经济条件下，一个人的生活状态在很大程度上取决于其产权意识和维护其产权（包括物权和知识产权）的能力。这是不是想许多人所担忧的那样，市场经济下的产权意识会令每个人都变得自私自利呢？实际上，这恰恰就是亚当·斯密所描绘的"无形之手"，当每个人都在追求和维护自身利益的时候，社会的总体福利便增加了，因为市场经济所遵循的交换原则会促使人们努力工作并同时提供技能，用自己创造的劳动成果去换取更多自己希望得到的东西。个体之间的分工、交换以及竞争构成了推动社会进步的三大基本动力，辅以公正有效的法制和开明的政府，一个社会的繁荣和国家的强盛则获得了根本的保障。在如此的条件下，个体对自身利益的追求不仅不会导致巧取豪夺或损人利己，反而会有利于提高他人的福祉。当然，人类作为富有情感的社会性的高级动物，除开经济利益之外，他们在个体情感的驱使之下，同样会从事助人为乐的公益活动。正如孟子所言，有恒产者有恒心。社会的公益事业从根本上取决于个体财富的增加和能力的提高。

近年来，幸福经济学作为一个新兴的分支不仅吸引了研究者的兴趣，而且许多政治家也开始将其纳入国家发展方略，将衡量指标国内生产总值（GDP）作为转向了幸福指数

（GHI）。一般意义的经济学在宏观上追求经济总量和增长速度，在微观意义上追求产量和利润率，而幸福经济学的突出特征在于，它将主观的价值判断纳入了经济范畴。经历了30多年的高速增长，我国国民经济发展模式正在酝酿重大的战略转变，将追求增长速度转向提高增长质量，这意味着资源的重新配置，将工业化、城镇化和现代化的发展纳入到可持续发展的轨道上来。

第六单元

寻找精神小村落——友谊

学习要点：

> 正确认知友谊的内涵；
>
> 理解建立友谊的核心要素以及友谊在人生中的分量；
>
> 把握拥有和保有友谊的智慧。

导 语

　　人生活在社会中，朋友是不可缺少的。《诗经》中写道："嘤其鸣矣，求其友声。相彼鸟矣，犹求友声。矧伊人矣，不求友生？"鸟儿嘤嘤，意在求伴。作为万物之灵的人，岂可无友？孔子在讲人生三乐中，特别提出的一条"乐"为"乐多贤友"。人生以多有贤德的朋友，为一大乐事。因此，人们向往友谊，追求友情，尤其是"恩德相结、腹心相照、声气相求"的知心友谊。

　　古往今来，友谊的景色美不胜收。有伯牙摔琴谢知音的美谈，有王勃的"海内存知己，天涯若比邻"的感慨，有王维的"劝君更尽一杯酒，西出阳关无故人"的怀恋，有苏东坡的"但愿人长久，千里共婵娟"的寄托，有李白的"桃花潭水深千尺，不及汪伦送我情"的绝唱。更有现代人的"为朋友，终身不悔"的豪情。

　　选择一个朋友，就选择了一种生活方式。交一个好朋友，其实就是开创了一段美好的生活。俗话说"在家靠父母，出外靠朋友"，"生我者父母，成我者朋友也"。可见，朋友在人生中，占有很重要的地位。

　　然而，获得真正的朋友、建立牢固的友谊并不是一件容易的事。一位名人总结："友谊是一种温静与沉着的爱，为理智所引导，习惯所结成，从长久的认识与共同的契合而产生，没有嫉妒，也没有恐惧。"正所谓"以势交者，势倾则绝；以利交者，利穷则散；以色交者，色衰则疏；以心相交者，成其久远。"（隋代王通《中说·礼乐篇》）

　　孔子曰："益者三友，损者三友。友直，友谅，友多闻，益矣。友便辟，友善柔，友便佞，损矣。"孔子又言："与善人居，如入芝兰之室，久而不闻其香，即与之化矣；与不善人居，如入鲍鱼之肆，久而不闻其臭，亦与之化矣。"所以，我们结交朋友，建构友谊的桥梁，一定要严肃，要认真选择，绝不能草率行事。

文 选

论 友 谊

西塞罗

马库斯·图留斯·西塞罗（Marcus Tullius Cicero，前106—前43），古罗马著名政治家、演说家、雄辩家、法学家和哲学家。出身于古罗马Arpinum的奴隶主骑士家庭，以善于雄辩而成为罗马政治舞台的显要人物。从事过律师工作，后进入政界。被政敌马克·安东尼派人杀害于福尔米亚。西塞罗深远地影响了欧洲的哲学和政治学说，并且至今仍是罗马历史的研究对象。

公民们：

我以为，友谊的基础是美德。别人相信你有美德，所以才与你建立友谊。你若放弃了美德，友谊也就不存在了。

我们早已定下了一条保护友谊的准则：不要求他人做不道德的事；别人求你做不道德的事，你也不要做。所以，你请朋友做事，必须以道德为限。如果为了朋友的缘故而做犯法的事，尤其是背叛国家，那是绝对不道德的，不容辩解的。如果确认是道德的，便应毫不迟疑地去做，并且永远热诚。

我以为那些错把功利当作基础的人，实在是丢掉了友谊的基础。我们愉快，不是由于从朋友那里得到了物质利益，而是由于得到了朋友的爱。如果我们的资助使我们得到了愉快，那是因为其资助是出于真诚的爱。请问天下有谁愿意只能享受无穷的物质财富，却不能爱别人，同时也不能得到别人的爱呢？只有暴君愿意过这样的生活。没有信仰，没有爱，也没有对人的信任，一切都是猜疑、犹豫、憎恨，这里绝对没有友谊的位置。

哲人恩尼乌斯说："在身处困境时才能找到忠实的朋友。"不可靠的朋友大约有两种：一种是在自己得志、飞黄腾达时，忘了朋友；一种是见朋友有难而弃之不顾，逃之夭夭。所以，在上述两种情形之下，仍能想到朋友的人，才真正难能可贵；仍能丝毫不减色的友谊，才可以称之为神圣的友谊。

"我们爱朋友犹如爱自己"，这样说是不恰当的，因为有许多事，我们不为自己做而只为朋友做。有时去恳求一个卑鄙的人，有时去冒犯一个不该冒犯的人，这些为自己本不值得去做的事，为了朋友却欣然去做了。在许多情况下，有美德的人宁肯牺牲自身利益，而使朋友得到欢乐。所以，应该说，爱朋友胜过爱自己。

友谊还应该有一条准则：不要为了自己过分钟情友谊、依恋友谊而妨碍了朋友的大事。凡是舍不得离开朋友而阻止、妨碍朋友去尽他高尚义务的人，不但无知、怯弱，而且简直就不懂友谊。

美德之所以能创造友谊，保持友谊，是因为美德里有和谐，有坚贞，有忠诚，有无私，有明智，有善，有美，有爱。一个人的美德一旦表现出来，便会光芒四射，并且借助这种光芒、照见别人的美德。美德与美德互相吸引，光芒与光芒交相辉映，结果便燃出友谊的光焰。

先看准了朋友，然后再爱他。不要因为先爱了他，就认作朋友。因为，凡是心灵值得爱的人，才是值得去结交的人。

【阅读提示】

什么是真正的友谊？是两肋插刀的冲动，还是不分你我的厮守？是称兄道弟的亲昵，还是同甘共苦的捆绑？

古罗马哲学家为我们诠释了友谊构建的要件：

首先，友谊来自于美德，是指具有高尚人格的人与人之间的彼此的认同；同时，友谊还表现为美德——求朋友做事或为朋友做事，均以道德为底线。哪些错把功利当作友谊基础的人，实则是曲解了友谊，也不会获得真正的友谊。

第二，友谊的忠诚度和恒久性会因各种因素而变化。患难见真情，"苟富贵，勿相忘"，人生中特殊的境遇考验着友谊的真伪和忠诚度，经得起生活考验的友谊具有其神圣性。

第三，真正的友谊往往是爱朋友胜过爱自己，从这一意义上，友谊是无私的爱，是舍我的付出，具有崇高性。

第四，友谊既是心灵的契合，但又绝不是一味地依恋。友谊的各方都要保持一定心理距离，成就各自一个独立的人格、独立的思想和独立的行为，所谓"海内存知己，天涯若比邻"。

总而言之，创造友谊、保持友谊的基础是美德，这美德是和谐、坚贞、忠诚、无私、明智、有善、有美、有爱。

【讨论思考】

1.建立友谊的基础是什么？

2.如何看待友谊在我们生命中的分量？

学会珍惜（节选）

余秋雨

余秋雨，1946年生于浙江省余姚县，现任澳门科技大学人文艺术学院院长。中国著名文化学者，理论家、文化史学家、散文家。余秋雨散文作品中始终贯穿着一条鲜明的主线，那就是对中国历史、中国文化的追溯，思索和反问，与其他一些文化散文家相比，余秋雨的作品更透着几丝灵性与活泼。作为一个知识分子，他的作品渗透着文人的忧患意识和良知。

人生在世拥有真正的友情太不容易……问题恰恰在于人类给友情加添了太多别的东西，加添了太多实利性的义务，加添了太多计谋性的杂质，又添加了太多因亲密而带来的阴影。如果能除去这些加添，一切就会变得比较清晰。

怎样清晰呢？我的看法大致如下——

一、人生在世，可以没有功业，却不可以没有友情。以友情助功业则功业成，为功业找友情则友情亡，两者不可颠倒。

二、人的一生要接触很多人，因此应该有两个层次的友情：宽泛意义的友情和严格意义的友情。没有前者未免拘谨，没有后者难于深刻。

三、宽泛意义的友情是一个人全部履历的光明面。它的宽度与人生的喜乐程度成正比。但不管多宽，都要警惕邪恶，防范虚伪，反对背叛。

四、严格意义的友情是一个人终其一生所寻找的精神小村落，寻找途中没有任何实利性的路标。在没有寻找到的时候只能寻找，而不能随脚停驻。因此我们不能轻言"知己"。在绝大多数情况下，安于宽泛意义的友情，反而彼此比较自在。

五、一旦获得严格意义的友情，应该以生命来濡养。但不能因珍贵而密藏于排他的阴影处，而应该敞晾于博爱的阳光下，以防心理暗箱作祟。

就写这几条吧，文章也可以结束了，但笔底似乎还有一些绪没有吐尽。是什么呢？想来想去，还是寻找的困难。密密层层的"朋友"，结合成友情的沙漠，不要说严格意义上的，就连宽泛意义上的友情，要想真实而纯净，找起来又谈何容易。然而，你在如饥似渴寻找的对象，很可能正与你擦肩而过，你没有在意，或无法辨认。

我们的精神小村落，究竟在哪里？想起了我远方的一位朋友写的一则小品，两只蚂蚁相遇，只是彼此碰了一下触须就向相反方向爬去。爬了很久之后突然都感到遗憾，在这样广大的时空中，体型如此微小的同类不期而遇，"可是我们竟没有彼此拥抱一下"。

是的，不应该再有这种遗憾。但是随着宇宙空间的新开拓，我们的体型更加微小了，什么时候还能碰见几只可以碰一下触须，然后对视良久，终于紧紧拥抱的蚂蚁？

来一次世间，容易吗？

有一次相遇，容易吗？

叫一声朋友，容易吗？

仍然是那句话——学会珍惜，小心翼翼。

【阅读提示】

真正意义的友情一定是产生于成年之后，开始于懂得人生的重量和责任的时候。真正的友谊难遇、难觅。俗世所谓友谊，多的是误会了的、错位的友谊——只不过关系而已。

友情的错位，源于我们自身对友谊的认知的混乱。我们所珍视的友谊大多是一堆无聊的关系。真正的友情不依靠什么，不依靠事业、祸福和身份，不依靠经历、方位和处境，它在本性上拒绝功利，拒绝归属，拒绝契约，它是独立人格之间的互相呼应和确认。总之，真正的友谊一定是"无所求"！

友谊难求而又脆弱，因此世人倍加珍惜，唯恐失去。或拉帮结派捆扎友情，或信封"君子之交淡如水"淡化友情，或以地域、学缘、事业、地位等粘贴友情，总没有好结果。

在友情领域要防范的，不是友情自身的破碎，而是异质的侵入——要保持"人之为人的本质"上的一致性。

因此，"万不能把防范友情的破碎当成一个目的。该破碎的让它破碎，毫不足惜；虽然没有破碎却发现与自己生命的高贵内质有严重龃龉，也要做破碎化处理。"

该破碎的友情常被我们捆扎、黏合着，而不该破碎的友情却又常常被我们捏碎了。为什么？高贵灵魂之间的友情交往，也有可能遇到心理陷阱——

一是因互相熟知而产生的心理过敏。考虑对方时已经不再作移位体验，他把朋友当作了自己。二是因互相信任而产生心理黑箱。做事不作解释，不加说明，想当然认为理解就是一切，朋友总能理解。这些错乱的心理程序造成了心理陷阱。

好在"真正属于心灵的财富，不会被外力剥夺，唯一能剥夺它的只有心灵自身的毛病，但心灵的毛病终究也会被心的力量发现、解析并治疗，何况我们所说的都是高贵的心灵！"

人生在世如何拥有真正的友情？——记着友情拒绝功利；人生一世应建立两个层面的友情；宽泛意义的友情其宽度与人生的喜乐程度成正比；严格意义的友情是一个人终其一生所寻找的精神小村落；严格意义的友情，应该敞晾于博爱的阳光下，以防心理暗箱作祟。

总之，友谊难遇，"学会珍惜，小心翼翼"！

案例讨论

马克思和恩格斯的友谊是建立在什么基础上的？总结一下其可贵之处有哪几点？

马克思和恩格斯的友谊

中学语文教学资源网　《杂文参考》　2007-06-02　手机版

马克思与恩格斯这两位革命巨人之间的友谊，是世界上的任何友谊都没法比的。马克思对恩格斯的才能十分敬佩，说自己总是踏着恩格斯的脚印走。而恩格斯总是认为马克思的才能要超过自己，在他们的共同事业中，马克思是第一提琴手而自己是第二提琴手。《资本论》这部经典著作的写作及出版，就是他们伟大友谊的结晶。

1848年大革命失败后，恩格斯不得不回到曼彻斯特营业所，从事商务活动。这使恩格斯十分懊恼，他曾不止一次地把它称作是"该死的生意经"。并且不止一次地下决心：永远摆脱这些事，去干他喜爱的政治活动和科学研究。然而，当恩格斯想到：被迫流亡英国伦敦的马克思一家经常以面包和土豆充饥，过着贫困的生活时，他就抛开弃商念头，咬紧牙关，坚持下去，并取得了成功。这样做，为的是能在物质上帮助马克思，从而使朋友，也使共产主义运动最优秀的思想家得到保存，使《资本论》早日写成并得以出版。

于是，每个月，有时甚至是每个星期，都有一张张一英镑、二英镑、五英镑或十英镑的汇票从曼彻斯特寄往伦敦。1864年，恩格斯成为曼彻斯特欧门——恩格斯公司的合伙人，开始对马克思大力援助。几年后，他把公司合伙股权卖出以后，每年赠给马克思350英镑。这些钱加起来，大大超过恩格斯的家庭开支。

从马克思来说，也正是为了对刚刚兴起的科学社会主义进行有效的指导，为了揭露资本主义的根本缺陷，才接受了恩格斯这种帮助。

马克思和恩格斯是亲密无间的朋友，他们所有的一切，无论是金钱或是学问，都是不分彼此的。

虽然他们分开了20年，但他们在思想上的共同生活并没有终止。他们每天要通信，谈论政治和科学问题。在一段时间，马克思把阅读恩格斯的来信看作是最愉快的事情。他常常拿着信自言自语，好像正在和恩格斯交谈似的。

"嗯，不对，反正情况不是这样……"

"在这一点上你对了！"

马克思说着说着竟高兴得流出了眼泪。

马克思和恩格斯是那样地相互尊重，在他们看来，任何人对他们的思想和著作的批评都不及他们彼此交换意见那样意义重大。于是，一有机会，恩格斯便摆脱商务，跑回伦敦。他俩天天见面，不是在这个家里，就是在那个家里。讨论问题时，他们在屋子里，各自沿着一条对角走来走去，一连谈上几个钟头。有时两人一前一后，半晌不吭一声地踱步，直到取得一致的意见为止。于是，两人就放声大笑起来。

1867年8月16日，这是一个值得纪念的日子。这天凌晨两点，马克思向他的战友报告说，《资本论》第一卷所有印张（一共49个印张）的校对工作，都已结束。他兴奋极了，写信对恩格斯说：

"这一卷能够完成，只是得力于你！没有你为我而作的牺牲，这样三大卷的大部头著作，是我不能完成的，我拥抱你，感激之至！"

《资本论》于1867年9月14日在德国汉堡出版，这是整个国际工人运动中，具有伟大意义的大事，也是两位巨人友谊的结晶。

这种理解的友谊是那样深厚，甚至一直延续到马克思逝世之后。

马克思在病重期间，曾告诉女儿爱琳娜说，希望恩格斯能为他尚未出版的《资本论》第二卷和第三卷"做出点什么"来。当然，即使马克思没有提出这样的要求，恩格斯也会去做的。

从1883马克思逝世时起，整整十年，恩格斯放下自己的工作，尽力从事《资本论》后两卷手稿的整理、出版，补充了许多材料，重新撰写了一些篇章，使《资本论》得以在1885年和1894年问世。

马克思和恩格斯

拓展阅读

交往的质量

周国平

周国平，1945年生于上海。1967年毕业于北京大学哲学系，1981年毕业于中国社会科学院研究生院哲学系，现为中国社会科学院哲学研究所研究员。著有学术专著《尼采：在世纪的转折点》《尼采与形而上学》，随感集《人与永恒》，散文集《守望的距离》《各自的朝圣路》《安静》，纪实作品《妞妞：一个父亲的札记》《南极无新闻——乔治王岛手记》等，1998年底以前作品结集为《周国平文集》（1~6卷），译有《尼采美学文选》《尼采诗集》等。其散文长于用文学的形式谈哲学，诸如生命的意义、死亡、性与爱、自我、灵魂与超越等，虔诚探索现代人精神生活中的普遍困惑，重视观照心灵的历程与磨难，寓哲理于常情中，深入浅出，平易之中多见理趣。

周国平的作品以其文采和哲思赢得了无数读者的青睐，无论花季还是老年，都能从他的文字中收获智慧和超然。

使一种交往具有价值的不是交往本身，而是交往者各自的价值。高质量的友谊总是发生在两个优秀的独立人格之间，它的实质是双方互相由衷的欣赏和尊敬。因此，重要的是使自己真正有价值，配得上做一个高质量的朋友，这是一个人能够为友谊所做的首要贡献。

人们常常误认为，那些热心于社交的人是一些慷慨之士。泰戈尔说得好，他们只是在挥霍，不是在奉献，而挥霍者往往缺乏真正的慷慨。

那么，挥霍与慷慨的区别在哪里呢？我想是这样的：挥霍是把自己不珍惜的东西拿出来，慷慨是把自己珍惜的东西拿出来。社交场上的热心人正是这样，他们不觉得自己的时间、精力和心情有什么价值，所以毫不在乎地把它们挥霍掉。相反，一个珍惜生命的人必定宁愿在孤独中从事创造，然后把最好的果实奉献给世界。

交往为人性所必需，它的分寸却不好掌握。帕斯卡尔说："我们由于交往而形成了精神和感情，但我们也由于交往而败坏着精神和感情。"我相信，前一种交往是两个人之间的心灵沟通，它是马丁·布伯所说的那种"我与你"的相遇，既充满爱，又尊重孤独；相反，后一种交往则是熙熙攘攘的利害交易，它如同尼采所形容的"市场"，既亵渎了爱，又羞辱了孤独。

社会是一个使人性复杂化的领域。当然，没有人能够完全脱离社会而生活。但是，也没有人必须为了社会放弃自己的心灵生活。对于那些精神本能强烈的人来说，节制社会交往和简化社会关系乃是自然而然的事情。正因为如此，他们才能够越过社会的壁障而走向伟大的精神目标。

对于人际关系，我逐渐总结出了一个最合乎我的性情的原则，就是尊重他人，亲疏随缘。我相信，一切好的友谊都是自然而然形成的，不是刻意求得的。我还认为，再好的朋友也应该有距离，太热闹的友谊往往是空洞无物的。

凡是顶着友谊名义的利益之交，最后没有不破裂的，到头来还互相指责对方不够朋友，为友谊的脆弱大表义愤。其实，关友谊什么事呢，所谓友谊一开始就是假的，不过是利益的面具和工具罢了。今天的人们给了它一个恰当的名称，叫感情投资，这就比较诚实了，我希望人们更诚实一步，在投资时把自己的利润指标也通知被投资方。

从一个人如何与人交往，尤能见出他的做人。这倒不在于人缘好不好，朋友多不多，各种人际关系是否和睦。人缘好可能是因为性格随和，也可能是因为做人圆滑，本身不能说明问题。在与人交往上，孔子最强调一个"信"字，我认为是对的。待人是否诚实无欺，最能反映一个人的人品是否光明磊落。一个人哪怕朋友遍天下，只要他对其中一个朋友有背信弃义的行径，我们就有充分的理由怀疑他是否真爱朋友，因为一旦他认为必要，他同样会背叛其他的朋友。"与朋友交而不信"，只能得逞一时之私欲，却是做人的大失败。

在一次长途旅行中，最好是有一位称心的旅伴，其次好是没有旅伴，最坏是有一个不称心的旅伴。

名画欣赏

王振朋——《钟子期凝神细品俞伯牙琴音》

王振朋（生卒年不详，约活跃于14世纪初期），字朋梅，原籍会稽（今浙江绍兴），后迁居永嘉（今浙江温州），曾在南宋担任过官职，入元后，因其画艺极受元仁宗赏识，于延祐年间在宫内秘书监供职，皇帝赐号"孤云处士"，擅长画人物和楼阁界画。

在《列子》和《吕氏春秋》中，记载有伯牙与钟子期的故事，一直为后世所传诵。

《列子·汤问》篇："伯牙善鼓琴，钟子期善听。伯牙鼓琴，志在高山。钟子期曰："善哉！峨峨兮若泰山！"志在流水，钟子期曰："善哉！洋洋兮若江河！"伯牙所念，钟子期必得之。

《吕氏春秋·本味篇》记载：伯牙鼓琴，钟子期听之，方鼓琴而志在泰山，钟子期曰："善哉乎鼓琴！巍巍兮若泰山"。少时而志在流水。钟子期曰："善哉鼓琴，洋洋兮若流水"子期死，伯牙摔琴绝弦，终身不复鼓琴，以为世无足复为鼓琴者。

伯牙和钟子期的真诚相知的友谊，是建立在纯粹精神层面上刻骨铭心的友情，彼此看中的是相近的学识与志趣，所以尽管一个是达官显要，一个是山林樵夫，身份地位反差很大，却能相谈甚欢。伯牙决然断琴，让人荡气回肠、扼腕慨叹——知音难觅！

这是一幅人物故事画，画中的故事最早见于《吕氏春秋》一书。画的是俞伯牙与钟子期两位知心朋友之间的深厚友谊。画面上共有五人，左边是伯牙，他面目清秀，蓄长髯，披衣敞怀，端坐石上，双手抚琴。伯牙的对面是子期，也坐在石上，身着长袍，低头静心谛听。两人的身后共有侍童三人站立。作者用生动、准确的笔墨刻画了两个主要人物的外形特征和内心活动，弹琴者的专注，听琴者的入神，都跃然绢上。为了衬托两个主要人物，作者还安排了三个侍童，并借用次要人物的不同反应来表达伯牙和子期之间用琴声传递感情并成为"知音"的友谊。这幅画在人物心理活动的描绘上达到了很高的水平。

第七单元

因为爱情更美好

学习要点：

理解爱情的含义以及成熟爱情和不成熟爱情的区分点；

知晓如何而获得爱情；

懂得如何保持爱情的恒久。

导 语

爱情［英文：Love（爱）］，是人与人之间的强烈的依恋、亲近、向往，以及无私专一并且无所不尽的情感，还有对未来的生活的向往。

爱情是人性的组成部分。"问世间，情是何物，直教生死相许"（元·元好问《摸鱼儿·雁丘词》），古今中外，凡尘俗世间，不论名人俗人，都难免遭遇这样的感情，或是"相遇在素锦年华"的欢喜，或是"人生若只如初见"的伤感，或是"爱如春水相伴老"的执着，或是"人间花草太匆匆"的无奈……

人人向往美好而恒久的爱情——无论富贵贫贱，无论健康疾病都愿相爱相伴，终老不渝。然而现实往往是残缺的乃至残酷，因为人们常常在不懂得爱的时候便已开始爱了，最终酿成了一个个因爱生恨的庸俗悲剧，给人带来的往往是失望、失落、苦涩、忧伤、痛苦乃至悲恸。

尘世间，大概没有几个人能不为情爱所累吧，人与人间的情愫是一个永无休止也永远无法逃避的话题。

那么，爱情究竟是什么呢？如何获得爱情？如何让爱情恒久？

艾里希·弗洛姆说，"天真的、孩童式的爱情遵循下列原则：我爱，因为我被人爱。成熟的爱的原则是：我被人爱，因为我爱人。不成熟的、幼稚的爱是：我爱你，因为我需要你。而成熟的爱是：我需要你，因为我爱你。爱是一种理性的选择，而绝非遍地都是的廉价情绪，人们不能把虎头蛇尾式的坠入情网视同永久性的爱情状态。你必须花时间确定对方是你真正需要的人，因为爱与信仰本质上是一样的，它不是一种与人的成熟程度无关只需要投入身心的感情，不止包括感性元素，同样也需要理性元素。除了与生俱来的部分，还要体会、学习、领悟、练习、揣摩，先评估自己是否有爱人的能力才有资格谈爱。"

文 选

论 爱 情

培 根

培根是英国17世纪著名的政治家、思想家和经验主义哲学家。他提出了"知识就是力量"的著名论断，创立了科学归纳法，鼓励人们以科学的方法认识自然和改造自然，对整个人类的思想产生了深远影响。《培根人生论》与《蒙田随笔》《帕斯卡尔思想录》一起，被人们誉为欧洲近代哲理散文三大经典。

舞台上的爱情比生活中的爱情要美好得多。因为在舞台上，爱情只是喜剧和悲剧的素材。而在人生中，爱情却常常招来不幸。它有时像那位诱惑人的魔女①，有时又像那位复仇的女神②。

你可以看到，一切真正伟大的人物（无论是古人、今人，只要是其英名永铭于人类记忆中的），没有一个是因爱情而发狂的人：因为伟大的事业抑制了这种软弱的感情。只有罗马的安东尼和克劳底亚③是例外。前者本性就好色荒淫，然而后者却是严肃多谋的人。所以爱情不仅会占领开旷坦阔的胸怀，有时也能闯入壁垒森严的心灵——假如守御不严的话。

埃皮克拉斯④曾说过一句笑话："人生不过是一座大戏台。"似乎本应努力追求高尚事业的人类，却只应像玩偶奴隶般地逢场作戏似的。虽然爱情的奴隶并不同于那班只顾吃喝的禽兽，但毕竟也只是眼目色相的奴隶——而上帝赐人以眼睛本来是更高尚的用途的。

过度的爱情追求，必然会降低人本身的价值。例如，只有在爱情中，才永远需要那种浮夸诌媚的辞令。而在其他场合，同样的词令只能招人耻笑。古人有一句名言："最大的奉承，人总是留给自己的"——只有对情人的奉承要算例外。因为甚至最骄傲的人，也甘愿在情人面前自轻自贱。所以古人说得好："就是神在爱情中也难保持聪明。"情人的这种弱点不仅在外人眼中是明显的，就是在被追求者的眼中也会很明显——除非她（他）也在追求他（她）。所以，爱情的代价就是如此，不能得到回爱，就会得到一种深藏于心的轻蔑，这是一条永真的定律。

由此可见，人们应当十分警惕这种感情。因为它不但会使人丧失其他，而且可以使人丧失自己本身。至于其他方面的损失，古诗人早已告诉我们，那追求海伦的人，是放弃了财富和智慧的⑤。

当人心最软弱的时候，爱情最容易入侵，那就是当人得意春风，忘乎所以和处境窘困孤独凄零的时候，虽然后者未必能得到爱情。人在这样的时候最急于跳入爱情的火焰中，由此可见，"爱情"实在是"愚蠢"的儿子。但有一些人，即使心中有了爱，仍能约束它，使它不妨碍重大的事业。因为爱情一旦干扰情绪，就会阻碍人坚定地奔向既定的目标。

我不懂是什么缘故，使许多军人更容易陷入爱情，也许这正像他们嗜爱饮酒一样，是因为危险的生活更需要欢乐的补偿。人心中可能普遍具有一种博爱的倾向，若不集中于某个专一的对象身上，就必然会施之于更广泛的大众，使他成为仁善的人，例如像有的僧侣那样。

夫妻的爱，使人类繁衍。朋友的爱，给人以帮助。但那种荒淫纵欲的爱，却只会使人堕落毁灭啊！

【注释】

①古希腊神话，传说地中海有魔女，歌喉动听，诱使过往船只陷入险境。

②原文为"Flries"，传说中的地狱之神。

③安东尼，恺撒部将。后因迷恋女色而战败被杀。克劳底亚，古罗马执政官，亦因好色而被杀。

④埃辟克拉斯（前342—前270年），古罗马哲学家。

⑤古希腊神话，传说天后赫拉，智慧之神雅典娜和美神维纳斯，为争夺金苹果，请特洛伊王子评判。三神各许一愿，雅典娜许以智慧，维纳斯许以美女海伦，天后许以财富。结果王子把金苹果给了维纳斯。

【阅读提示】

爱情是美好的，但美好中却暗藏着陷阱——看不透它，往往会招来不幸。

爱情的能量巨大，纵使你"壁垒森严"仍难以抵挡其诱惑，更遑论本身没有任何警惕。

人生是要有意义的，不应浑浑噩噩如行尸走肉；爱情虽然不属于肉欲，尚属于精神生活，如果不是更高的精神追求主宰爱情，人一旦沦为爱情的奴隶，则人的价值和生命的意义将被降低或不复存在。

爱情的定律——沉浸在爱情中的人，往往是昏昧不明的，是极易迷失自我的，是难以保持自尊的。爱情不对等的情况下，得不到爱的回应的一方，得到的多是藏于内心的轻蔑。由此，追求爱情，但不要失去自己。

人心最软时，爱情最易入侵，需要人保持警惕，要学会用理智约束自己。

爱是人性固有的组成元素，军人易陷入爱情，僧侣将爱广施大众。

总之，爱情是一种美好的感情，同时也是一种极其危险的感情，它需要人们用理性筑成感情的两岸，防止其泛滥无羁，应该让爱情汩汩滔滔化作河流，成就美丽风景。

【讨论思考】

1.爱情的特质是什么？

2.我们应当如何把握爱情而不至于被爱情困扰？

苏霍姆林斯基给女儿的信

瓦·阿·苏霍姆林斯基，出生于1918年，苏联著名教育实践家和教育理论家。他从17岁即开始投身教育工作，直到逝世，在国内外享有盛誉。生于乌克兰基洛沃格勒的贫民家庭，1936至1939年就读于波尔塔瓦师范学院函授部，毕业后取得中学教师证书。1918年起至1970去世，历任他家乡所在地的一所农村完全中学——巴甫雷什（也译作帕夫雷什）中学教师、教导主任、校长、区教育局长、中学校长。自1957年起，一直是俄罗斯联邦教育科学院通讯

院士。1968年起任苏联教育科学院通讯院士。1969年获乌克兰
社会主义加盟共和国功勋教师称号，并获两枚列宁勋章、1枚
红星勋章、多枚乌申斯基和马卡连柯奖章等。代表作有《给教
师的一百条建议》、《把整个心灵献给孩子》、《巴甫雷什中
学》、《公民的诞生》等。

一

亲爱的女儿：

你的问题使我激动不已。

现在你14岁，正在跨越成为一个成年女子的门槛。你问道：
"爸爸，爱情是什么？"

当我意识到，我现在已经不是在同一个小女孩谈话时，我的心在激烈地跳动。在你跨越这
个门槛时，我祝你幸福。但是，只有当你成为一个有头脑的贤惠姑娘时，你才能得到幸福。

千百万女性，特别是年纪尚幼的14岁的女性，心儿突突地跳着想：爱情是什么？每个
人都有自己的理解。每个男青年，当他成长为一个成年男子的时候，也在考虑这个问题。现
在，我亲爱的女儿，我给你的信的写法，和从前不一样了。我内心深处的一个愿望是传授给
你一种生活智慧，它就叫生活技能。我希望从父亲的每句肺腑之言中，就像从一粒小小的种
子中一样，萌发出你自己的观点和信念的幼芽。

"爱情是什么"这个问题，也曾使我心中很不平静。在童年时代和青年的早期，我最
亲近的人是祖母玛利娅——一个令人赞叹的人，我心灵上一切美好的、聪明的、诚实的东西
都是她给予我的。她在战争前夕去世了。她为我打开了神话、祖国语言和人类之美的广阔世
界。有一次，在一个早秋寂静的傍晚，坐在苹果树的浓荫下，看着向温暖国度飞去的仙鹤，
我突然地问道："奶奶，爱情是什么？"

最复杂的问题她也会用神话来解释。她的一双蓝色的眼睛流露出沉思和不安的神色，她
用一种极特殊的从来也未有的方式看了我一眼。接着，她就讲开了：

爱情是什么？……当上帝创造世界时，他在地球上安排了各种生灵，并教给他们用自生
同类的办法延续自己的种族。他给男人和女人划出了田地，并教给他们如何建造窝棚，给了
男人一把铁锹，给了女人一小撮种子，他对他们说："在这里生活和传宗接代吧，我干自己
的事去啦。一年以后我再来，看看你们过得怎么样。"

刚好过了一年，上帝和天使长加福雷依尔来了。是在一个大清早，太阳刚刚升起的时候
来的。上帝看到：男人和女人坐在窝棚旁边，他们面前庄稼地里的谷物正在成熟，他们身旁
有一个摇篮，摇篮里的婴儿正在睡觉。这男人和女人有时仰望天空，有时互相对视。在他们
相互对视的瞬间，上帝在他们眼里发现了一种莫名其妙的美和一股特别神秘的力量，这种美
赛过蓝天、红日，超过宽广的大地和金黄色的麦田，比上帝亲手制作的一切东西更美好。这
种美使上帝震颤、惊奇、发呆。

"这是什么呀？"上帝向天使长加福雷依尔问道。

"这是爱情。"

"爱情是什么？"

天使长耸了耸肩说不知道。上帝走到男人和女人跟前，并问他们，什么是爱情。可是他

们不能向他解释清楚。于是上帝生气了。

"啊哈，是这样！现在你们接受我的惩罚：从此时此刻起，你们将会死。你们每活一小时，就将消耗掉你们的一分青春和活力！五十年以后我再来，看看你们眼里还有什么，你们这些人啊……"

"上帝生哪一门子气呢？"我向祖母问道。

因为人不经请示上帝就创造了一种连上帝也不认识的东西。你听我往下说：五十年以后，上帝和天使长又来了。上帝看到：在窝棚旁边建起了一座用圆木造的木屋，在空地上培植的鲜花开满了花园，田地里的庄稼正在成熟，儿子们在耕地，女儿们在收割小麦，而孙子们在草地上玩耍。在木屋门前坐着一个老头和一个老太婆，他们有时遥望鲜红的朝霞，有时相互对视。上帝在他们的眼睛里看到的那种美比以前更巨大，那种力量比以前更强烈，并且还包括一种新的东西，

"这是什么？"上帝向天使长问道。

"忠诚。"天使长答道，依然没人能够做出解释。

上帝更生气了。

"人啊，光让你们衰老还不够吗？你们活不了多久啦。那时我再来瞧瞧，看你们的爱情会变成什么东西。"

三年以后，上帝和天使长又来了。上帝看到，一个男人在一个小土丘旁坐着。他的眼睛里充满了悲伤，可是里面依然存在着那种莫名其妙的美和那股特别神秘的力量，而且其中不只有爱情和忠诚，又增添了一种什么东西。

"而这又是什么？"上帝问天使长。

"心灵的怀念。"上帝捋了一下自己的胡须，就离开了坐在小土丘旁的那位老人，他扭过脸，向长满小麦的田地和鲜红的朝霞望去，于是他看见：在金黄色的麦田旁站着许多年轻的男女，他们有时仰望天边的彩霞，有时相互对视……上帝站在那儿望了他们很久，然后，陷入了沉思，从那时起，人成了地球上的主人。

你瞧，我的乖孙孙，这就是爱情。爱情——它比上帝还崇高。爱情就是人类千古不朽的美和永恒的力量。人类一代一代地相互交替。我们每个人都要变成一堆灰烬，而爱情却以充满活力的、永不衰退的联系保留下去！

我亲爱的女儿，这就是爱情。千万种生灵生活着、繁衍着、延续着自己的种族，可是，只有人才能够爱。如果一个人不会爱，他就不能到达人类之美的这个顶峰，那就是说，他只不过是一个生物，虽是一个人，但却不会爱。

【阅读提示】

爱情是人类美好的感情，是人类发展历史长河中亘古不变的主题之一，是幸福婚姻家庭的基础。历史上，许多关于爱情的诗篇、神话、故事，将人类对爱情的诠释与赞美流传下来，启迪后人将这份美好传承下去。然而，在市场经济的今天，许多人受拜金主义的影响，忽视了爱情的真谛——出现了所谓"物质女孩""宁可坐在宝马车里哭，也不坐在自行车上笑"的宣言；也出现了不成恋人即成仇人的校园恋爱悲剧；当然，成人社会里，还存在着为私欲所魅惑的伤害、背叛、混乱。

爱情到底是什么？苏霍姆林斯基眼中的爱情——"千万种生灵生活着、繁衍着、延续着

自己的种族，可是，只有人才能够爱。如果一个人不会爱，他就不能到达人类之美的这个顶峰，那就是说，他只不过是一个生物。"——关于"爱"的"感情"，是人类区别于千万种生灵的本质之处，是懂得并会爱别人的心智。

在这篇文章中，作者昭示了关于理解爱情的几个关键点：

爱情产生于男人和女人共同劳动的生活，是自生同类延续种族的需要；

爱情在人类劳动和不断创造中得以加深和升华，投射到心灵上成就美好；

爱情是天荒地老的忠诚，是一种价值选择——"生命诚宝贵，爱情价更高"，肉身可以消亡，心灵依旧默默相守；

爱情是千古不朽、代代相袭、超越生命与生死的永恒力量。

当然，爱情最本质的是爱和会爱。

<h1 style="text-align:center">二</h1>

亲爱的女儿：

现在我和你谈话就像两个大人谈话一样了，这有多好啊！你已在深入思考人类智慧的最难理解的一页，这又是多么教我这个做父亲的人高兴呀。假如所有的年轻人——男子和女人——都毫不例外地能彻底理解这一页，我们的社会就会和谐得多，幸福就会成为每个人相依为命的东西和终生财富。

一代一代的年轻人在多大程度上具备这一伟大的智慧——学会爱，不仅个人的幸福取决于这一点，我们整个社会的美、道德纯洁和安定也取决于它。显然，我在这里强调的仅仅是我们生活的一个方面，我并未忽视其他方面。一个人可以学会从事最伟大的建筑——建造水电站和宫殿，建造宇宙飞船和核潜艇，可是，如果他没有学会真正地爱，他就依然是一个野人。而一个有教养的野人，要比一个无教养的野人危险一百倍。

我们的生活包括两个方面：一方面是人的劳动，生产劳动，人的社会面貌和每个公民应有的创造性，对人民和社会应尽的义务；另一方面属于精神心理和道德伦理关系领域，家庭、子女、父母对子女的和子女对父母的义务与责任。在这个领域，令人遗憾的是，人常常还是无知的、奴性十足的或是卑劣的。

一个在精神心理和道德伦理关系方面不完善的人，不可能成为一个真正的公民，真正的创造者，真正的爱国者。个性潜力是多方面的，就其发展的可能性和表现形式来说，是无限的，但它万变不离其宗：某一方面的优点和缺点必然会在所有其他方面表现出来，内部的一切联系，一切相互影响，是人所固有的。

我经常收到和你同龄的和比你稍大的姑娘们的许多来信，你回家以后读一读吧，足有几千份。里面既有真正的人类呼声，也有发人深省的提示：人的爱情应当去创造、去培养，它不会遗传、也不可能继承，它不会像人种延续的本能那样，可以自然而然地得到。

一位17岁的姑娘（中等技术学校的学生）写道：她同一个小伙子认识了，交上了朋友，很快活。可是她发现，小伙子爱喝酒，说话很粗暴。姑娘为此哭过，烦恼过，但是原谅了这小伙子的所有一切越轨行为，实际上，也原谅了他的一些低俗举动。这位姑娘自我原谅说："反正我是爱他的呀。"一件本来可以预料的事情终于发生了，她怀孕了。这姑娘委身于那青年，与其说是出自爱情，不如说是出于恐惧：她担心，如果拒绝他的要求他会抛弃她，去找更顺从，更好说话的姑娘……当姑娘告诉那青年说，"我们将有孩子了"时，他吃惊地说："怎么说我们呢？是你将有孩子。"于是他抛弃了她。这姑娘不得不中断了学业，迁到了另一个城市生活。她的一生就这样给毁了。我觉得，这些信的每一张每一页就像烧红的金属片一样炽热、灼人，不时从中发出绝望和惶恐的呼喊：他爱我，可是不尊重我；为了使他不仅爱我，而且尊重我，该怎么办？

你瞧，我的好闺女，我所讲的我祖母的那个富有哲理的神话，我和你关于爱情是什么的谈话，不是没来由的吧。我想使你避免许多姑娘犯过的不得不付出昂贵代价的那种错误，有的姑娘因为犯这样的错误而牺牲了自己的幸福、欢乐、健康、甚至生命。人的爱情不仅应当是美好的、忠诚的、可靠的，而且应当是明智的、慎重的、机警的和是非分明的，只有这样，它才能带来快乐和幸福。记住这一点吧，我的女儿。记住：生活中不仅有美好和崇高的东西，令人痛心的是也有丑恶、奸诈和卑鄙行为。你不仅要有一颗坦率、善良的心，这颗心同时还必须是端正的、坚毅的和严格的。

【阅读提示】

苏霍姆林斯基在信函中向成长中的女儿阐述了恋爱的智慧——青年人当如何选择自己的爱情对象：一是看其是否具备做人的核心要素——会爱，二是看其精神心理和道德伦理方面是否完美。

作者告诉女儿：

学会爱是人生的伟大智慧，是家庭生活和社会生活幸福美好和谐的基点，是人之所以为人的核心。爱是一种情感，人人都可生情；会爱则是一种智慧和能力，需要在生活中习得，这不是每个人都能具备的。

在社会生活尤其是个人及其家庭生活领域，还存在着无知、奴性和卑劣，一个在精神心理和道德伦理关系方面不完善的人，不可能成为一个真正的公民，真正的创造者，真正的爱国者；在爱情生活中，也同样不会很好地处理围绕爱情、家庭而产生的各种关系。对待爱情，年轻人要学会把握：要审视对方在精神心理和道德伦理关系方面是否完善。

爱情需要理智的识别、正确的判断、慎重的态度、机警的防御系统和分明的是非标准。否则，"爱情"将与美好、忠诚、可靠无缘。要想获得美好爱情，坦率、善良的同时，必须是端正的、坚毅的和严格的，即基于理性的。

【讨论思考】

1.谈谈你对爱情的理解。

2.从恋爱双方来讲，如何才能获得美好的爱情？

案例讨论

1.阅读下面三篇文章，结合所学文章及拓展阅读部分艾瑞克·弗洛姆《爱的艺术》分析曹禺、马克思的爱情婚姻案例，曹禺和郑秀的爱情悲剧原因有哪些？马克思和夫人的爱情其感人之处在哪里？

2.剖析第三个案例——一个大学生的求助信，你能给他一个建议吗？

谁念西风独自凉

梅 寒

1931年4月29日，清华的校庆。早就听说在那天的校庆上将要上演易卜生的《娜拉》，自小酷爱音乐的郑秀不由分说拉了同学去看。那次，她深深地被台上女主角从容、熟练又富有情感的表演吸引住了。

演出结束，演员卸妆从后台走出来，身边的一位同学指着那位圆圆脸戴一副近视镜身穿长布衫的男青年向她介绍：喏，他就是刚才台上演娜拉的那一位，名字叫万家宝[①]。

那是他们的初遇。那一年，郑秀还是一名快乐单纯的高中女生，曹禺已是清华大学西洋文学系的学生。那次匆匆相遇，又匆匆道别，他只觉她清丽可爱，她只慕他才华横溢，彼此之间却并未作深的交谈。不过一面之缘。

彼此熟识，是两年后。1933年春天，一年一度的清华校庆戏剧排练又开始了。那一次，热爱话剧的几个同学决定排演英国杰出剧作家高尔斯华绥的三场话剧《最前的与最后的》。本子很快由曹禺译成了中文，全剧只有哥哥、弟弟、女孩三个人物。剧中的哥哥和弟弟很快找到了人选，曹禺建议让孙毓棠演哥哥，他演弟弟，谈到女孩汪达的角色时，大家一时犯了难。最后，还是由曹禺敲定："让法律系的郑秀来演吧！听说她在中学演过戏。"

那一场戏，就此拉开了曹禺郑秀相恋的大幕。近一个月的彩排，他们朝夕相处，共同切磋，每次排练完毕，曹禺还要送郑秀回到她的宿舍去。那一场倾注了他们共同心血的戏剧，演出非常成功，竟然接连公演了七八场之多。戏剧演出结束时，他和她的爱情也已如火如荼。只是，那时，她还年少，面对那份火热的爱情，她还有些手足无措。她开始刻意冷淡躲着曹禺。可躲开的是人，躲不开的是情。听说曹禺为她大病，再也顾不得许多，跑到曹禺床前，与他紧紧相拥。就此，郑秀把自己的幸福，轻轻地交到了那个多才亦多情的男子曹禺手上。

那年暑假，曹禺留在校园没有回天津的家，要求郑秀也不要回南京。在清华园图书馆的西洋文学系阅览大厅东北一隅，靠近借书台附近的一张长条桌的一端，他和她相对而坐，除了低声交谈一两句话之外，便分别着手做自己的事。曹禺埋头创作剧本《雷雨》，郑秀用工整娟秀的字迹誊写出来。8月初，初稿完成。1933年的深秋，《雷雨》在清华园诞生了，当时曹禺只有23岁，是清华大学研究院的研究生。而郑秀，是《雷雨》的第一位忠实的读者。

1936年11月26日，三年的恋爱长跑之后，他们在南京举行了隆重的订婚典礼。1938年春，曹禺和郑秀同赴已撤到长沙的国立剧校。由国立剧校校长余上沅主办，他们在长沙又举行了简单的婚礼。他们的婚姻曾得到众多文化界名人的看好与祝福，只可惜世事难料，情路难猜，婚后两年，他们便发现彼此在性格、志趣、生活习惯上有着诸多的矛盾与不合。在曹禺的眼里，戏剧和艺术就是他的神圣殿堂，在日常的生活中，他一向不修边幅，有时还显得心不在焉。与他恰恰相反，郑秀却是一个特别注重仪表又爱干净的女子，再加上曹禺一心扑在工作上，对郑秀越来越冷落，两个人的小争小吵就开始不断出现。在郑秀生了两个女儿后，由于另一个女子的介入，他们的感情已走向破裂的边缘。只是，那时，她心有不甘，明

---

① 曹禺原名万家宝

知那段爱情已死，还在死死地守护。为此，她甚至不惜放弃自己的血水亲情。

1948年底，上海龙华机场，郑秀站在机场上焦急地等待着曹禺出现，可直到她身后的飞机已响起启动的声音，她等的那个人都没有来。头发花白的老父亲在她身后焦灼地大喊："他不会来了，快随我走吧！""不！他不去，我们也不去！"纵使身后老父亲的呼唤再焦灼深情，她还是拉着孩子决绝地走上了回程的路。飞机起飞，从此海天永隔，她与父亲，就此永诀。只是那样的诀别，仍没有换回爱情的回转。1950年，在他们分居的近十年之后，她终于含泪答应了他离婚的请求。

"过去我爱曹禺，嫁给了他，现在我还是爱他。我同意离婚，因为我希望他幸福"。面对前去劝说她的朋友，她如是说。

此后，曹禺与第二任妻子方瑞结婚，后来方瑞去世，他又与著名戏剧表演艺术家李玉茹演绎了一段中国版的《金色池塘》，在中国戏剧界留下了一段爱情佳话。曹禺年老，身体不好，在医院躺了八年，那八年里，时刻都有李玉茹的悉心照料与陪伴。

相比之下，郑秀的生命就单调灰暗了许多，与曹禺离婚后，她终生都没有再嫁，直到1989年10月去世前夕，她表示想见曹禺最后一面，不知何故，那个愿望，终究成空。

在谈及那段不美满的婚姻时，曹禺曾说：在这件事上，她有错，我也有错。可她爱了他一生，也为他孤苦伶仃守了一生，却是谁也抹杀不掉的事实。

"文革"期间，曹禺被审查，每天早晨要扫大街，郑秀看在眼里却无力相助，只得在每个早晨他出门来扫大街时，默默地站在远处看着他。谁说那种无声的陪伴，不是一种无声的爱呢？

"谁念西风独自凉，萧萧黄叶闭疏窗，沉思往事立残阳。"纳兰性德的一曲《浣溪沙》将那种人生的孤独凄凉感勾勒得触目惊心。郑秀，这位出身官宦之家又接受过高等教育的女子，曾同曹禺幸福牵手又无奈别离，如若也读这首词，是否该有特别的凉意从心底升起？

马克思与燕妮

这是一个贵族小姐与伟大的革命者之间的爱情传奇故事。

1814年2月14日，燕妮·马克思诞生于特利尔一个名门望族。她的父亲是一个商人，后来成了普鲁士政府一名枢密顾问官，她不仅是曾经的"特里尔舞会皇后"，而且也接受过良好的教育，是一位德国社会学家。

燕妮的家离马克思的家只有几分钟的路程。1836年夏，在波恩大学攻读法学的一年级学生马克思，回特利尔向自己热恋的燕妮求婚。燕妮就和18岁的马克思约定了终身。按照当时的习俗来说，这是前所未有的。贵族出生、年华似锦的燕妮，被公认为是特利尔最美丽的姑娘和"舞会皇后"，许多英俊贵族青年为之倾倒，求婚者不乏其人。但是她却蔑视封建社会和资产阶级社会的一切传统观念，瞒着父母把自己许配给一个市民阶级的子弟，她完全不能预计和马克思共同生活的前途如何。

1836年10月，马克思从离家不远的波恩大学转赴离家遥远的柏林大学读书，这意味着他们之间要互相忠诚等待一段相当漫长的时间。1841年4月15日，马克思提前获得了哲学博士学位。年轻的哲学博士刚刚到特利尔，就赶忙去他最心爱人的家，把博士论文亲手送到燕妮父亲的手里。燕妮和马克思在多年分离之后，本来打算立即结婚的。但光有一篇博士论文并不能作为维持生计的基础，因而他和燕妮不得不打消结婚的念头，继续等待。从 1842 年 4 月开始，马克思开始为《莱茵报》撰稿，1842 年 10 月，《莱茵报》的股东们委任马克思为编辑，1843 年 3 月，马克思被迫退出《莱茵报》编辑部。接着又与阿尔诺德·卢格磋商了关于共同从事著作出版的计划。此后即 1843 年 6 月 19 日他才到克罗茨纳赫（燕妮在她父亲于 1842 年 3 月去世后就和母亲迁居这个地方），与苦等了他 7 年之久的、出身于贵族、比自己大五岁的燕妮结婚。从他们私自约定终身到结合，燕妮等待了漫长的七个年头。在这七年中，她除了曾与未婚夫马克思有过少数的几次相聚之外，就只能从远处用自己的思念和书信陪伴他了。

婚后，她一心服侍丈夫卡尔。抄写马克思的手稿，纠正其中的错误并润色。在与卡尔的婚姻生活中她一共生育了 7 个孩子，但是只有 3 个女儿埃莉诺、燕妮和劳拉活了下来。三个女儿也深受父亲的影响，她们分担了马克思的部分工作或者参与到工人运动中。

由于马克思对共产主义事业的卓越贡献和对地主、资产阶级无情揭露和批判，使得反动势力诅咒他，驱逐他。他不得不携家小四处转移，其生活困难有时达到难以想象的地步。1850 年 3 月底，随马克思一起流亡伦敦的燕妮写信给好朋友约瑟夫·魏德迈时，描绘了她当时的生活情况："因为这里奶妈工钱太高，我尽管前胸后背都经常疼得厉害，但还是自己给自己孩子喂奶。这个可怜的孩子从我身上吸去了那么多的悲伤和忧虑，所以他一直体弱多病，日日夜夜忍受着剧烈的痛苦。他从出生以来，还没有一夜，能睡着二三个小时以上的。最近又加上剧烈的抽风，所以孩子终日在死亡线上挣扎……有一天，我正抱着他坐着，突然女房东来了，要我付给她五英镑的欠款，可是我们手头没有钱。于是来了两个法警，将我的菲薄的家当——床铺衣物等——甚至连我那可怜孩子的摇篮以及比较好的玩具都查封了。他们威胁我说两个钟头以后要把全部东西拿走。我只好同冻得发抖的孩子们睡光板床了……"

在她的整个婚姻生活中，她一直承受着家庭的贫困。沉重的经济压力不断加到她的身上，直到 1867 年"资本论"系列的第一本书出版以后，家庭财政状况才有所改善。在这种境况下，燕妮还是深深地爱着马克思。她除了母亲和主妇的责任，除了为每天的生活操心之外，还担负起了许多其他工作。燕妮是马克思不可缺少的秘书，马克思的几乎所有手稿——其中大部分是很难辨认的——在送到印刷厂或出版社之前，总得由她誊写清楚。

马克思与燕妮的黄昏之恋更加强烈。1880 年，燕妮患了病，她以惊人的克制能力，忍受着极大的疼痛。在这胆战心惊的岁月，马克思照料妻子，不离左右。为了要让她快活些，马克思于 1881 年七八月间，陪着她到法国去看了大女儿和几个外孙。1881 年秋天，由于焦急和失眠，体力消耗过度，马克思也病了。他患的是肺炎，有生命危险，但他仍然忘不了燕妮。他们的小女儿在谈到双亲暮年生活的时候说"我永远也忘不了那天早晨的情景。他觉得自己好多了，已经走得动，能到母亲房间里去了。他们在一起又都成了年轻人，好似一对正在开始共同生活的热恋着的青年男女，而不像一个病魔缠身的老翁和一个弥留的老妇，不像是即将永别的人。"

1881 年 12 月 2 日，燕妮长眠不醒了。这是马克思从未经受过的最大打击。燕妮逝世那天，恩格斯说："摩尔（马克思的别名）也死了。"在以后的几个月里，他接受医生的劝告，到气候温和的地方去休养。可是不论到哪儿都忘不了燕妮，止不住悲痛。他写信给最知己朋友说："顺便提一句，你知道，很少有人比我更反对伤感的了。但是如果不承认我时刻在怀念我的妻子——她同我的一生中最美好的一切是分不开的——那就是我在骗人。"

1883 年 1 月 11 日，传来了大女儿突然去世的噩耗，马克思的病情加重了。1883 年 3 月 14 日中午，马克思安详地、毫无痛苦地与世长辞了。1883年3月17日，马克思被安葬在海格特公墓燕妮的坟墓旁边。

燕妮·马克思对卡尔·马克思的作品有十分重要的影响。她戏称自己是马克思的"秘书"。她不仅为马克思抄写和影印了手稿，其间，她还与马克思一起讨论他的文章。

燕妮·马克思在社会运动中也有她自己的角色，在英国伦敦生活期间她也不断地通过德文报纸发表政治文章和论文。

马克思写给妻子的一封信

我心中的爱人：

我又给你写信了，因为我现在独自一人，而且我总是感到很难过，经常在心里和你交谈，但你一点也不知道，既听不到也不能回答我。虽然你的照片照得不太好，但对我却极有用，现在我终于明白为什么"阴郁的圣母"——最丑陋的圣母像，也能有狂热的崇拜者，甚至比一些优美的像拥有更多的崇拜者。无论怎样，这些阴郁的圣母像中，没有一张像你这张照片那样被吻过这么多次，被这样深情地看过并受到如此的崇拜。照片上的你即使不显得阴郁，至少也是郁闷的，它决不能反映你那可爱、迷人、甜蜜的让人想亲吻的脸。但我把相片挪了挪位，让阳光更好地照到它上面，使相片上的你看起来更好看一些，并且我发现我的视力虽然被灯光和烟草损坏，但我仍能在梦中，甚至在醒着的时候描绘你的模样。你好像真的在我面前，我把你抱到我的膝盖上，说着："我爱你，夫人！"事实上我对你的爱胜过奥塞罗一生付出的爱情。撒谎和空虚的世界对人的看法也是虚伪而表面的。无数诽谤我、污蔑我的敌人中有谁曾骂过我适合在某个二流戏院扮演头等情人的角色呢？但事实如此。要是这些坏蛋稍微有点幽默感的话，他们会在一边画上"生产和管理"，另一边画上我拜倒在你的脚前，然后在这幅讽刺画下注明："看看这幅画，再看看那幅"。但是这些坏蛋是笨蛋，而且将永远是笨蛋。

暂时的别离是有益的，因为经常接触会使生活变单调，使事物间的差别逐渐消失。过分接近会让高塔显得低矮，而我们和日常生活琐事接触太密切，琐事就会过度膨胀。细小的、让人不舒服并诉诸感情的习惯，只要它的直接对象在视野中消失，它也就不再存在。深挚的热情由于它的对象的亲近而表现为日常的习惯，在距离的魔力下会壮大起来，并重新具有它固有的力量。我的爱情就是如此。只要我们被空间分隔，即使仅仅是在我的梦里，我就立即明白，时间之于我的爱情正如阳光雨露之于植物——使其滋长。你一不在我身边，我对你的爱情就会显出它的本来面目，彷佛巨人一般，聚集了我全副精神和全部感情。我又一次感到自己是一个真正的人，因为我感受到了一种强烈的热情。现代的教养和教育带给我们的复杂性，以及使我们对一切主客观印象都不相信的怀疑主义，只能使我们变得渺小、孱弱、牢骚不断。然而爱情，不是对费尔巴哈那类型唯物主义哲学家的尊敬，不是对无产阶级的热爱，而是对值得爱的事物尤其是对你的爱，使一个人重新成为真正的人。

我亲爱的，你会微笑，会问："为什么我突然变得这么花言巧语？"不过，如果我能把你那温柔而纯洁的心紧贴在自己的心上，我就会默默无言，不作一声。我不能以唇吻你，只能求助于文字，以文字来传达亲吻。

诚然，世间有许多女子，而且有些非常美丽。但是哪里还能找到一张脸，上面的五官，甚至每一条皱纹，都能引起我生命中最强烈最美好的回忆？甚至我无限的悲痛，我无可挽回的损失，我都能从你的笑容中看到，当我吻你那甜美的面庞时，我就能克制这种悲痛。"埋在她的臂膀里，因她的亲吻而苏醒"。

再见了，我亲爱的，千万次地吻你和孩子们。

你的卡尔

一封求助信

我是一名大学生，他是我的初恋，我们在高中开始，现在已经3年了，一直以来他都很爱我，他性格像个孩子，异性缘挺好。一开始跟他只是朋友，他说那时就爱上我了，那年寒假我稀里糊涂就答应他了，当时我对另一个男孩（高中时的班长）也挺有感觉，后来被他发现了，他很伤心，我就跟那个班长断了联系。但这事在他心里一直有阴影。

我那时也不懂事，总觉得他不够成熟，一直希望他能成熟点，能不跟别的女孩走那么近。但他似乎总达不到我的要求，于是我任性闹分手，一开始他都哭着求复合，极力哄我，说不能失去我。确实为我做了很多傻事，整天围着我转。但我一没安全感还是会闹。后来他受不了了，但又很爱我。于是对我的方式有点极端，开始打我，有第一次就有第二次第三次，后来只要我做得不好，跟别的男生有过密交流他就打我。虽然我知道他很爱我但我受不了这种方式，人都快崩溃了。就这样忍了大半年，终于迎来了高考，我毅然离开他，也没跟任何人讲报了哪个大学。他伤心得过了一个暑假也去读了大学。后来他默默关心我给我买东西，我骂他、说恨他。

就这样过了大半年，不知道是什么力量驱使我见了他，并联系上了。他确实变了不少，我还是像以前那样无理取闹，得知他跟另一个女孩谈过一个月，我又开始闹。但他一直否认喜欢那女孩，说是逗她玩。闹着过了一段时间后他又跟另一个女孩暧昧，我开始质问他，他说我看到的只是表面。但我受不了，他说他累了。

这时我很想大步流星地离开，却发现自己做不到了，居然不甘心想挽回。一段时间后我冷静了些，去他学校找他，他对我很冷漠，说不想恋爱了，以后要找个大大咧咧的女朋友。一段时间后叫我不要再跟他联系，说他有女友了，尽管是在骗我。我想找点事情麻烦他，两个月后，我以买电脑找他，他还是对我挺冷漠。

他的一个朋友说："女孩矜持点，你真不差，不要贬低自己的身价，你这次又来找他得到了什么？我只看到了他的不耐烦，对一个人好不要锦上添花而是雪中送炭。"我知道他现在需要好好休息，释放从前的压抑，虽然我也做了最坏的打算——他选了别人不要我了。但如果真到了那天也许我还是会大哭。我决定给自己一年的时间去努力，或许多年后他会想起我。有时思绪还是有点乱，我该怎样雪中送炭？还能挽回他吗？——读者来信

请回复：

_____

_____

_____

_____

_____

拓展阅读

爱的艺术

艾瑞克·弗洛姆

艾瑞克·弗洛姆（ErichFromm，1900—1980），美籍德国犹太人。人本主义哲学家和精神分析心理学家。毕生致力修改弗洛伊德的精神分析学说，以切合西方人在两次世界大战后的精神处境。精神分析学说对世界有影响力。

弗洛姆认为，爱是一门艺术，要求人们有这方面的知识并付出努力。但是大多数人认为爱仅仅是一种偶然产生的令人心旷神怡的感受，只有幸运儿才能"堕入"爱的情网。人们产生这种错误的想法有三种原因：①大多数人认为爱情首先是自己能否被人爱，而不是自己有没有能力爱的问题。②认为爱的问题是一个对象问题，而不是能力问题。③人们不了解"堕入情网"同"持久的爱"这两者的区别。要掌握爱的艺术，一是掌握理论，二是掌握实践，三是要把成为大师看得高于一切。

对人来说最大的需要就是克服他的孤独感和摆脱孤独的监禁。而这只有通过真爱才有可能实现，真爱的基本要素，首先是"给"而不是"得"。"给"是力量的最高表现，恰恰是通过"给"，我才能体验我的力量，我的"富裕"，我的"活力"。爱情的积极性除了有给的要素外，还有一些其他的基本要素。这些要素是所有爱的形式共有的，那就是：关心、责任心、尊重和了解。

自爱不是"自私"，自爱是爱他人的基础。对自己的生活、幸福、成长以及自由的肯定是以爱的能力为基础的，这就是说，看你有没有能力关怀人、尊重人，有无责任心和是否了解人。如果一个人有能力创造性地爱，那他必然也爱自己，但如果他只爱别人，那他就是没有能力爱。

性爱的一个重要因素：即意志的因素。爱一个人不仅是一种强烈的感情，而且也是一项决定，一种判断，一个诺言。如果爱情仅仅是一种感情，那爱一辈子的诺言就没有基础，一种感情容易产生，但也许很快就会消失。如果我的爱光是感情，而不同时又是一种判断和一项决定的话，我如何才能肯定我们会永远保持相爱呢？

如果有一位妇女对我们说她很爱花，可是我们却发现她忘记浇花，我们就不会相信她说的话。爱情是对生命以及我们所爱之物生长的积极的关心。如果缺乏这种积极的关心，那么这只是一种情绪，而不是爱情。

一无所知的人什么都不爱。一无所能的人什么都不懂。什么都不懂的人是毫无价值的，但是懂得很多的人，却能爱，有见识，有眼光……对一件事了解得越深，爱的程度也越深。

给予是潜能的最高表现。正是在给予的行动中，我体验到我的力量，我的财富和我的潜

能。这种增加生气和潜能的经验，使我感到无比快乐。因此，我自己精力充沛地、生机勃勃地体验生活，就像我快乐地体验生活一样。给予要比索取和接纳快乐，这并不是因为它是某种东西的丧失，而是我的活力在给予的行为中表现出来。

我一直相信：真正的爱情可以在对方身上唤起某种有生命力的东西，而双方都会因唤醒了内心的某种生命力而充满快乐。

一个人究竟能给予别人什么呢？他可以把他拥有的最宝贵的东西，他的生命给予别人。但这并不一定意味着他一定要为别人献出自己的生命，而是他应该把他内心有生命力的东西给予别人。他应该同别人分享他的欢乐、兴趣、理解力、知识、幽默和悲伤——简而言之一切在他身上有生命力的东西。通过他的给，他丰富了他人，同时在他提高自己生命感的同时，他也提高了对方的生命感。他给并不是为了得，但是通过他的给，不可避免地会在对方身上唤起某种有生命力的东西。因此他的给同时也包括了使接受者也成为一个给的人，而双方都会因为唤醒了内心的某种生命力而充满快乐。在给的行为中诞生了新的东西，给和得的人都会感谢这新的力量。这一点表现在爱情上就是：没有生命力就是没有创造爱情的能力。

如果我爱他人，我应该感到和他一致，而且接受他本来的面目，而不是要求他成为我希望的样子，以便使我能把他当作使用的对象。

真正的爱是内在创造力的表现，包括关怀、尊重、责任心和了解诸多因素。爱不是一种消极的冲动情绪，而是积极追求被爱人的发展和幸福，这种追求的基础是人的爱的能力。

同共生有机体结合相对立的是成熟的爱情，那就是在保留自己完整性和独立性的条件下，也就是保持自己个性的条件下与他人合二为一。人的爱情是一种积极的力量，这种力量可以冲破人与人之间的高墙并使人与人结合。爱情可以使人克服孤寂和与世隔绝感，但同时又使人保持对自己的忠诚，保持自己的完整性和本来的面貌。在爱情中出现了两个生命合为一体，却依然保持两体的怪现象。

人们只有认识对方，了解对方才能尊重对方。如果不以了解为基础，关心和责任心都会是盲目的，而如果不是从关怀的角度出发去了解对方，这种了解也是无益的。了解的方式多种多样。成为爱情一要素的了解是要深入事物的内部，而不是满足于一知半解。我只有用他人的眼光看待他人，而把对自己的兴趣退居二位，我才能了解对方。

通过爱，他就从他的由自恋引起的孤独中解脱出来，他开始体验关心他人以及同他人的统一，另外他还能感觉到爱唤起爱的力量。他不再依赖于接受爱以及为了赢得爱必须使自己弱小、孤立无援、生病或者听话。天真的、孩童式的爱情遵循下列原则：我爱，因为我被人爱。成熟的爱的原则是：我被人爱，因为我爱人。不成熟的、幼稚的爱是：我爱你，因为我需要你。而成熟的爱是：我需要你，因为我爱你。

爱情只能产生于这样两个人中间，这两个人都从他们生存的圈子里跳出来并互相结合，同时他们每个人又能脱离自我中心去体验自己。只有这种"中心体验"才是人的现实，才是生活，才是爱情的基础。这样体验到的爱情是不断地挑战，这种爱情不是避风港，而是一种共同的努力、成长和劳动。如果两个人能从自己的生命的本质出发，体验到通过与自己的一致，与对方结成一体，而不是逃离自我，那么在这样的基本事实面前，就连和谐、冲突、欢乐和悲伤这样的东西也就只能退居第二位了。

　　爱情不是一种与人的成熟度无关，只需要投入身心的感情。如果不努力发展自己的全部人格并以此达到一种创造倾向性，那么每种爱的试图都会失败。如果没有爱他人的能力，如果不能真正谦恭地、勇敢地、真诚地和有纪律地爱他人，那么人们在自己的爱情生活中也永远得不到满足。

　　爱情的存在只有一个证明：那就是双方联系的深度和每个所爱之人身上的活力和生命力。这也是我们所能看到的爱情的唯一成果。

第八单元

成就自己的精神世界——构建独立人格

学习要点：

> 了解人的生命包含两种形式：肉体和精神；
>
> 懂得要成为真正意义上的人，必须拥有自己的精神世界，独立的人格；
>
> 身体的自我要和精神层面的自我保持距离并不断寻求平衡；
>
> 懂得一个人在物质上可以贫困，而在精神上必须富有的道理。

导　语

　　今天的我们往往被世俗潮流裹挟着，疲累穿梭于各种角色之间，被各种琐碎捆绑缠绕，不停歇地奔波忙碌——模糊了春夏秋冬，忽视了日月星辰。事业、家庭、友谊、爱情，我们茫然地为之左冲右突，又常常为一件小事而纠结、痛苦，我们的生命承受着林林总总的外部压力，乃至感觉不到"自我"的存在。

　　人的生命包含肉体和精神，前者是基础，后者是升华，前者是外在，后者是内在。一个人如果没有自己的精神世界，是一个不完整的人。

　　而一个人要想成为真正意义上的人，必须经过学习、磨炼，必须拥有自己的精神世界，拥有健康的精神生活。一个人如果没有完整的精神世界，只是作为一个生物体在自然状态下活着，随波逐流，就无异于其他动物，即使是无忧无虑，也失去了作为人的真正价值和意义；"人因精神而高贵"，一个人如果过于关注财富、权力、地位、名声等等身外之物，甚至把这些东西看得比生命更重要，久而久之，就意味着把生命"物化"，使其沦落为物质的奴隶，从而失去了"自我"；一个人生活在社会中，往往受环境、舆论、习俗、职业、身份支配，作为他人眼中的一个角色活着，如果内心世界充斥、拥塞的只是社会大众的条条框框，说着别人的话，做着别人要求的事，行色匆匆，疲于应对，终其一生也不会建成属于自己的精神世界，终难做成自己人生的主人。

　　我们诚然不能脱离社会和他人生活，但也不能一味攀附在社会和他人身上，没有了自己的独立思考。

　　杨绛先生在她的《一百岁感言》中说"我们曾如此渴望命运的波澜，到最后才发现：人生最曼妙的风景，竟是内心的淡定与从容……我们曾如此期盼外界的认可，到最后才知道：世界是自己的，与他人毫无关系。"

　　自我，包含两层意思：一个我就是身体的自我，在社会上活动，另一个更高层次的我是精神的自我。如果一个人精神层面的自我觉醒了，他就会和自己外部的生活、外在的遭遇保持一个距离，不会完全陷入。精神层面的自我的缺位，导致我们或糊涂地从俗，或无聊地苟活，或功利地追逐。

　　一个人怎样才算成了自己，做了自己人生的主人呢？人必须有人格上的独立自主。一个人在物质上可以贫困，而在精神上必须是富有的。

　　我们要在追寻、成就事业的过程中摒除疲累和无奈，获得心灵的满足，品尝奋斗的愉悦，必须要首先构筑自己的精神世界，拥有一个开阔的心灵空间，明确追寻的意义。

　　让我们静下来，悄悄问一声："我的精神家园在哪里？"

文　选

周国平散文选读
人生的三个觉醒

　　人在世上生活，必须做选择和决定，也会遭遇疑惑、困难、挫折，皆需要力量的支持。在一切力量中，最不可缺少一种内在的力量，就是觉醒。觉醒是人人可以开发和拥有的力量，也是人生最根本和最重要的力量。那些外在的力量，例如来自社会和朋友的帮助，若没有内在力量的配合，最多只能发生暂时的表面的作用。那些外在的力量，例如你已经获得的权力、金钱、名声、地位，也许可以使你活得风光，但唯有内在的力量才能使你活得有意义。

　　那么，让什么东西觉醒呢？当然是你身上那些最本质的东西，它们很可能沉睡着，所以要觉醒。我认为，人身上有三个最本质的东西。首先，你是一个生命，你因此才会在这个世界上生活，才会有你的种种人生经历。第二，你不但是一个生命，而且是一个独特的生命个体，并且能够明确地意识到这一点，也就是说，你是一个自我。第三，和宇宙万物不同，人是精神性的存在，你还是一个灵魂。这三者概括了你之为你的本质。因此，人生有三个基本的觉醒：生命的觉醒，自我的觉醒，灵魂的觉醒。

　　一、生命的觉醒

　　每个人来到这个世界上，首先是一个生命，也终归是一个生命。这是一个多么简单的道理，却很容易被我们忘记。我们在社会上生活，为获取财富、权力、地位、名声等等而奋斗，久而久之，往往把这些东西看得比生命更重要了，甚至当成了人生主要的乃至唯一的目标，为之耗尽了全部精力。

　　生命原本是单纯的，财富、权力、地位、名声等等是后来添加到生命上去的社会堆积物。既然在社会上生活，有这些堆积物就不可避免，也无可非议，但我们要警惕，不可本末倒置。生命的觉醒，就是要透过这些社会堆积物去发现你的自然的生命，牢记你是一个生命，对你的生命保持一种敏感，经常去倾听它的声音，时时去满足它的需要。

　　生命的需要由自然规定，包括与自然和谐相处、健康、安全等等，也包括爱情、亲情、家庭等自然情感的满足。这些需要平凡而永恒，但它们的满足是人生最甘美的享受之一，带给人的是生命本身的单纯的快乐。你诚然可以去追求其他种种复杂的快乐，可是，倘若这种追求损害了这些单纯的快乐，其价值便是可疑的。

二、自我的觉醒

你不但是一个生命，而且是一个独特的生命个体，一个自我。首先，这个自我是独一无二的，世上只有一个你。其次，这个自我是不可重复的，你只有一个人生。因此，对你的人生负责，实现你之为你的价值，是你的根本责任。自我的觉醒，就是要负起这个根本责任，做你自己人生的主人，真正成为你自己。

成为你自己，这可不是容易的事。人们往往受环境、舆论、习俗、职业、身份支配，作为他人眼中的一个角色活着，很少作为自己活着。为什么会这样？一是因为懒惰，随大流是最省力的，独特却必须付出艰苦的努力。二是因为怯懦，随大流是最安全的，独特却会遭受舆论的压力、庸人的妒恨和失败的风险。可是，如果你想到，世上只有一个你，你死了，没有任何人能代替你活；你只有一个人生，如果虚度了，没有任何人能够真正安慰你——那么，你还有必要在乎他人的眼光吗？

一个人怎样才算成了自己，做了自己人生的主人呢？我认为有两个可靠的标志。一是在人生的态度上自己做主，有明确坚定的价值观，有自己处世做人的原则，在俗世中不随波逐流。二是在事业的选择上自己做主，有自己真正喜欢做的事，能够全身心地投入其中，感到内在的愉快和充实。人生中有真信念，事业上有真兴趣，这二者证明了你有一个真自我。

三、灵魂的觉醒

世间一切生命中，唯有人有自我意识，能够知道自己作为生命个体的独特性和一次性，知道自己是一个"我"。但是，无论你多么看重这个"我"，它终有一死，在人世间的存在是有限而短暂的。这就发生了一个问题：人生究竟有没有更高的具有恒久价值的意义，此种意义不会因为这个"我"的死亡而丢失？其实答案已经隐藏在问题之中了，我们即使从逻辑上也可推断：要找到这种意义，唯有超越小我，把它和某种意义上的大我相沟通。那么，透过肉身自我去发现你身上的更高的自我，那个和大我相沟通的精神性自我，认清它才是你的本质，这便是灵魂的觉醒。

灵魂的觉醒有两个途径，一是信仰，二是智慧。

灵魂是基督教用语，用来指称人的精神性自我。汉语中"灵魂"这个词很有意思，可以拆分为"灵"和"魂"。和别的生命不同，人有自我意识，也就是有一个"魂"。在基督教看来，这个"魂"应该有一个神圣的来源，就是上帝。《圣经》里说，上帝是按照自己的形象造人的。其实上帝是没有形象的，完全是"灵"。所以，"魂"是从"灵"来的。可是，在进入肉体之后，"魂"忘记了自己的来源，因此必须和"灵"重建联系，这就是信仰。通过信仰，"灵"把"魂"照亮，人才真正有了"灵魂"。哲学（包括佛教）不讲灵魂，讲智慧。汉语中"智慧"这个词也很有意思，可以拆分为"智"和"慧"。和别的生命不同，人有认识能力，就是"智"，因此能够把自己认作"我"，与作为"物"（包括他人）的周围世界区别开来。但是，"智"的运用应该上升到一个更高的认识，就是超越物我的区别，用佛教的话说是"离分别相"，用庄子的话说是"万物与我为一"。这种与宇宙生命本体合一的境界，就是"慧"。"智"上升到"慧"，人才真正有了"智慧"。

在我看来，信仰和智慧是在用不同的方式说同一件事，二者殊途而同归，就是要摆脱肉身的限制，超越小我，让我们身上的那个精神性自我觉醒。人人身上都有这样一个更高的自我，它和宇宙大我的关系也许不可证明，但让它觉醒对于现实人生却是意义重大。第一，人生的重心会向内转化，从外部世界转向内心世界，重视精神生活。你仍然可以在社会上做大事，但境界不同了，你会把做事当作灵魂修炼的手段，通过做事而做人，每一步都走在通往你的精神目标的道路上。第二，你会和你的身外遭遇保持距离，具有超脱的心态，在精神上尽量不受无常的人间祸福得失的支配。在相反的情况下，精神性自我不觉醒，人第一会沉湎在肉身生活中，境界低俗，第二会受这个肉身遭遇的支配，苦海无边。人生在世，必须有一个超越的立足点，这个立足点正是信仰和智慧给你的。

每个人都是一个宇宙

有两种自信：一种是人格上的独立自主，藐视世俗的舆论和功利；一种是理智上的狂妄自大，永远自以为是，自我感觉好极了。我赞赏前一种自信，对后一种自信则总是报以几分不信任。

人在世上，总要有所依托，否则会空虚无聊。有两样东西似乎是公认的人生支柱，在讲究实际的人那里叫职业和家庭，在注重精神的人那里叫事业和爱情。食色，性也，职业和家庭是社会认可的满足人的两大欲望的手段，当然不能说它们庸俗。然而，职业可能不称心，家庭可能不美满，欲望是满足了，但付出了无穷烦恼的代价。至于事业的成功和爱情的幸福，尽管令人向往之至，却更是没有把握的事情。而且，有些精神太敏感的人，即使得到了这两样东西，还是不能摆脱空虚之感。

所以，人必须有人格上的独立自主。你诚然不能脱离社会和他人生活，但你不能一味攀附在社会建筑物和他人身上。你要自己在生命的土壤中扎根。你要在人生的大海上抛下自己的锚。一个人如果把自己仅仅依附于身外的事物，即使是极其美好的事物，顺利时也许看不出他的内在空虚，缺乏根基，一旦起了风浪，例如社会动乱，事业挫折，亲人亡故，失恋，等等，就会一蹶不振乃至精神崩溃。正如爱默生所说："然而事实是：他早已是一只漂流着的破船，后来起的这一阵风不过向他自己暴露出他流浪的状态。"

世事的无常使得古来许多贤哲主张退隐自守，清静无为，无动于衷。我厌恶这种哲学。我喜欢看见人们生气勃勃地创办事业，如痴如醉地堕入情网，痛快淋漓地享受生命。但是，不要忘记了最主要的事情：你仍然属于你自己。每个人都是一个宇宙，每个人都应该有一个自足的精神世界。这是一个安全的场所，其中珍藏着你最珍贵的宝物，任何灾祸都不能侵犯它。心灵是一本奇特的账簿，只有收入，没有支出，人生的一切痛苦和欢乐，都化作宝贵的体验记入它的收入栏中。是的，连痛苦也是一种收入。人仿佛有了两个自我，一个自我到世界上去奋斗，去追求，也许凯旋，也许败归，另一个自我便含着宁静的微笑，把这遍体汗水和血迹的哭着笑着的自我迎回家来，把丰厚的战利品指给他看，连败归者也有一份。

【阅读提示】

怎样才是心智成熟的人？怎样才算做成了人？一个重要标志就是拥有了独立的思考力、独立的判断力从而成就独立的人格。然而在社会舆论和潮流面前，人们往往是在极力扮演他人眼中的某个角色，使自己成为他人眼中的"成功"人士，因而也失去了自我。所谓"成

"功"与"失败"因他人而裁决，所以个人很难做到心意平和，获得真正意义上的幸福快乐。

我们常常看到现实中许多不具独立人格的人，这些人没有真正的自我，他们的精神为别人的精神所奴役，不具有独立的思维，他们只能被动地接受别人的价值观念，这些人有的只是为所崇拜的偶像（为父母、为子女、为上司等）而活，有的只纯粹为金钱而活，有的根本就不知为什么而活。

而具有独立人格的人，无论俗世中从事什么工作，他的心灵深处都拥有崇高、永恒的精神家园，他活在自己的精神世界之中，聆听心灵的召唤。

具有独立人格精神的人有宽广的胸怀，不过多的计较个人得失，能宽容那些反对自己、歧视自己的人。能以平和的心态看待事物的发展，以"凡是现实的事物都有其必然性"的观点来看待问题，不为他人影响和控制，无视功、名、利、财、色、权等的诱惑，不随波逐流，时刻都能保持清醒的头脑，能做到"举世皆浊我独清，众人皆醉我独醒"。

在周国平认为，有限的一生，应为自己过活，认清"自我"，享受精神属性的幸福。一个人怎样才算自我觉醒，承担自我生命的责任呢？周先生认为有两个判断标准：一是在人生的态度上自己做主，有明确坚定的价值观，有自己处世做人的原则，在俗世中不随波逐流；二是在事业的选择上自己做主，做自己喜欢的，并全身心投入其中，享受其中的快乐充实。

人生有三个基本的觉醒：生命的觉醒，自我的觉醒，灵魂的觉醒。让精神性的自我觉醒，即让灵魂觉醒很重要。"不要追问根据是什么，尽管相信就好。"只有这样，才能使得自己的人生重心向内转化，才能在精神性道路上越走越远，才能拥有信仰。灵魂的觉醒让人获得超脱，从更高的精神性自我着眼，和自己外部的遭遇拉开距离。周国平认为，我们生活在世界上，无可厚非，需要积极入世，进取向上。然而这样的态度也会在一定程度上导致我们过于沉迷纠结在一些小事上无法自拔，过分夸大困难，承受不了挫折，很容易垮塌。正如古希腊哲学家所言，"世界上最大的不幸，就是没有承受不幸的能力。"要具备这种能力，周国平认为，必须学会超脱。"哲学给我带来的最大好处就是让我学会了分身术"，当一个"我"在现实世界中活动时，另一个"我"在上面看着他，在他感到痛苦的时候，把他叫回来。学哲学的意义，就是让你从整个宇宙，整个人生来看自己的遭遇。

【讨论思考】

1.如何理解"精神家园"？

2.如何理解"三个觉醒"及其关系？

谈独立思考

茅　盾

茅盾（1896—1981），原名沈德鸿，字雁冰。浙江嘉兴桐乡人。中国现代著名作家、文学评论家、文化活动家以及社会活动家，五四新文化运动先驱者之一，我国革命文艺奠基人之一。

有人问：如何而能独立思考？

我想：这个答案可以很多，其中之一也许是洋洋万言，

引经据典，而效果等于不着一字。

但是，也还有另一方式的答案：

不读书者不一定就不能独立思考；然而，读死书、死读书、只读一面的书而不读反面的和其他多方面的书，却往往会养成思考时的"扶杖而行"，以致最后弄到独立思考能力的萎缩。

眼睛只看上边、不看下边的人，耳朵只喜欢听好话、不喜欢听批评的人，常常只想到自己、不想到别人的人，他们面前的可能的危险是：让"独自"思考顶替了独立思考。

教条主义是独立思考的敌人，它的另一敌人便是个人崇拜。

如果广博的知识是孕育独立思考的，那么，哺养独立思考的便应是民主的精神。

井底之蛙恐怕很难有独立思考的能力。应声虫大概从没感到有独立思考之必要。而日驰数百里的驿马虽然见多识广，也未必善于独立思考。

人类的头脑，本来是具有独立思考的能力的。如果没有，人类就不能从"蠢如鹿豕"①进化到文明。但是人类的这个天赋，是在生活斗争中不断碰到矛盾而又不断解决矛盾的过程中逐渐发达起来的。前人的经验和独立思考的成果，应当是后人所借以进行独立思考的资本，而不是窒息独立思考的偶像。

儿童的知识初开，常常模仿大人。这时的模仿，就是吸收前一代的经验和知识，为后来的独立思考准备条件。做大人的，看见幼儿模仿自己，便赞一声"聪明"，可是到后来看见渐臻成熟②的少年不再满足于模仿自己，却又骂他"不肖"；这真是可笑的矛盾。

从前有些"诗礼之家"，有一套教养子女的规矩：自孩提以至成长，必使"非礼勿视，非礼勿听，非礼勿言……"这是把儿童放在抽出了空气的玻璃罩内的办法。这样培养出来的，如果不是书呆子，是犬儒，便是精神上失去平衡的畸形人，是经不起风霜的软体人。当然也不会是具有独立思考能力的人。

"诗礼之家"现在没有了，我盼望这样的教养方法也和它一同地永远消逝。

（原载《人民日报》1956年7月3日　署名玄珠）

【注释】

①蠢如鹿豕：读音chǔn rú lù shǐ。豕：猪；蠢：愚笨。笨得像鹿和猪一样。《孟子·尽心上》："舜之居深山之中，与木石居，与鹿豕游。"

②渐臻成熟，臻 zhēn，到，到达。

【阅读提示】

如何判断一个人是否成熟？一个成熟的人必定是一个拥有独立思考力的人。茅盾先生在本文中从反面论述了"独立思考"的培育应秉持的原则：摒弃教条主义和个人崇拜，哺育独立思考的是民主精神。

那些读死书，死读书，只读一面之书者，必会导致独立思考力的萎缩；那些唯上，唯喜，唯我之人，必会让"独自思考"代替独立思考。

前人的经验和独立思考的成果——书本知识，应该是后人进行独立思考的资本资源，而不应成为桎梏。

世俗中人们的一些行为，恰恰违背了促人真正成长（独立思考）的法则，传统的家长意志、家族意志，剥夺了青年的思考力、创造力，民主精神缺位的教育培养出来的不会是有独立思考力从而人格独立的健全人。

由此，判断当代大学生是否合格的一条重要标准，是是否具备了独立思考力。

【讨论思考】

1.独立思考的意义是什么？大学生如何培养独立思考的能力？

2.为什么教条主义、个人崇拜是"独立思考"的敌人？

名画欣赏

罗丹——《思想者（雕塑）》

奥古斯特·罗丹（Auguste Rodin，1840—1917），是19世纪和20世纪初法国最伟大的现实主义雕塑艺术家。

他一生勤奋工作，敢于突破官方学院派的束缚，走自己的路。他善于吸收一切优良传统，对于古希腊雕塑的优美生动及对比的手法，理解非常深刻，其作品架构了西方近代雕塑与现代雕塑之间的桥梁，罗丹是西方雕塑史上一位划时代的人物，欧洲两千多年来传统雕塑艺术的集大成者、20世纪新雕塑艺术的创造者。他的《青铜时代》、《思想者》、《雨果》、《加莱义民》和《巴尔扎克》、《走路的人》等作品都有新的创造，曾受到法国学院派的抨击。

罗丹不仅是一位雕塑大师，同时又是一位伟大的老师。作为先生从不在艺术观点上束缚学生们，因此他的学生都能成熟为自己的独特风格而脱颖而出。他们学习的是罗丹的创造精神以及全神贯注的精神，所以其中出类拔萃者甚多，有些日后与老师齐名。

雕像《思想者》，塑造了一个强有力的劳动男子，采用了俯身低头支颏的坐姿。首先：雕像要体现的是一种直面人类死亡与苦难的思想，这应当是一种理性、冷静、深刻，充满着矛盾痛苦的心智活动过程。要体现这样一种痛苦思索的主题，雕像的总体动态趋向应当是相对比较"沉静""沉重""沉凝"的。雕刻家在这件作品中，表达了对人类的苦难遭遇极大的同情和悲痛。

案例讨论

观看电视剧《我的父亲母亲》，讨论剧中哪些人物是你赞赏的，哪些人物是你同情的，哪些人物是你鄙视的，为什么？他们各自具有怎样的人格特征？陈志、叶秀萝、翠花、马庆生各自的痛苦是什么？

电视剧《我的父亲母亲》故事梗概

故事开始于20世纪70年代初期，陈志是哨寨村的下乡知青，张翠花是当地的铁姑娘队队长，也是村支书的女儿。1974年大批知青返城，陈志因家庭出身不好，被迫滞留农村。张翠花对陈志暗恋已久，一厢情愿地想要嫁给他。

工农兵大学招生，陈志在村支书张翠花父亲的帮助下回城上学。为了感恩，他和自己不爱的张翠花订婚。陈父在得知儿子上大学的好消息后，激动之下竟然一病不起，未过门的儿媳张翠花来到陈家，替陈志床前尽孝。

陈志在大学里结识了忧郁漂亮的女孩叶秀萝，两人志趣相投，校园中开始恋爱。来自农村的班干部马庆升也开始了对叶秀萝的热烈追求。

陈家在那个特定历史时期，被莫须有的罪名压的抬不起头来，张翠花历尽千辛万苦查清了陈父的历史问题并补发了工资。俩老在张翠花的帮助下扬眉吐气了。陈父病逝，陈志得知张翠花替自己极尽孝道，不禁感激涕零。丧期过去，在双方大人的催促下，两人正式结婚，陈志回到学校完成学业。

大学毕业，陈志和马庆升回到家乡工作，成为同事。为了让张翠花回归田园生活，陈志申请到公社工作，不久便跻身领导班子，他在张翠花的要求下，被迫利用职权为岳父一家排忧解难，每次都被弄得苦不堪言。而张翠花却认为一切都是理所应得的，难以体谅陈志的苦衷。

在马庆升猛烈的追求下，叶秀萝无奈地要和马庆升结婚了。张翠花终于觉察到陈志和叶秀萝的微妙关系。马庆升一心谋求仕途发展，对怀孕生产的叶秀萝漠不关心。叶秀萝出现早产征兆，得到陈志救助才平安生女。

陈志当上了副县长，马庆升成为县长，他背着叶秀萝和招待所清洁工小田打得火热，两人奸情败露，被上级领导得知。关键时刻，幸得陈志求情，才保住了官位。张翠花认为陈志这么做是为了替叶秀萝保全家庭，顿时大闹起来。陈志官升一级，调到市委工作，张翠花夫贵妻荣，在娘家的地位越来越高。

马庆升被确诊为胃癌晚期，他临死前向张翠花证明了陈志的清白。马庆升去世后，叶秀萝带着女儿艰难度日，陈志屡次伸手援助，张翠花认定陈志有外心，跑到其单位大闹，给陈志造成不良影响。陈志因受不了流言蜚语辞去官职，两人婚姻已是穷途末路。

两人分居后，张翠花变得无精打采、迅速衰老。最终在早年的订婚对象唐天良的帮助下重新找到了自我。

一晃几年过去，张翠花和陈志终于意识到婚姻的无奈，平静而友好的离婚了。从民政部门出来的时候，两人表现得像一对老朋友，更像多年的骨肉亲人。

年迈的陈志在儿子的撮合下，和自己牵挂多年的叶秀萝走到了一起。而张翠花也接受了唐天良的情感。相守几十年的父亲母亲，终于在花甲之年各自找到了自己的真爱。

拓展阅读

我 的 信 念

玛丽·居里（居里夫人）

玛丽·居里（居里夫人）（1867—1934）。法国物理学家、化学家，科学家。原籍波兰生于波兰华沙。1891年进法国巴黎大学深造。巴黎大学理学博士。先后发现镭和钋两种天然放射性元素，推动了原子核科学的发展。她是巴黎大学第一位女教授，是法国科学院第一位女院士，同时还被其他15个国家聘为科学院院士。她共接受过7个国家24次奖金和奖章，担任了25个国家的104个荣誉职位。居里夫人不贪图钱财和享受，只是为了科学的发展而奉献自己。1934年7月，因劳累，并长期与镭接触，这位伟大的科学家与世长辞了，但她的精神永远激励着后人。

生活对于任何人都非易事，我们必须有坚韧不拔的精神。最要紧的，还是我们自己要有信心。我们必须相信，我们对每一件事情都有天赋的才能，并且，无论付出多大代价，都要把这件事情完成。当事情结束的时候，你要能问心无愧地说："我已经尽我所能了。"

有一年的春天里，我因病被迫在家里休息数周。我注视着我的女儿们所养的蚕结着茧子，这使我感兴趣。望着这些蚕执着地、勤奋地工作着，我感到我和它们非常相似。像它们一样，我总是耐心地集中在一个目标上。我之所以如此，或许是因为某种力量在鞭策着我——正如蚕被鞭策着去结茧一般。

近五十年来，我致力于科学的研究，而研究，就是对真理的探讨。我有许多美好快乐的记忆。少女时期，我在巴黎大学，孤独地过着求学的岁月。在那整个时期中，我丈夫和我专心致志地，像在梦幻之中一般，坐在简陋的书房里研究，后来，我们就在那儿发现了镭。

我在生活中，永远是追求安静的工作和简单的家庭生活。我深信，在科学方面我们有对事业而不是对财富的兴趣。当皮埃尔居里和我考虑应否在我们的发现上取得经济利益时，我们都认为不能违背我们的纯粹研究观念。因而我们没有申请镭的专利，也就抛弃了一笔财富。我坚信我们是对的。诚然，人类需要寻求现实的人，他们在工作中获得很多的报酬。但是，人类也需要梦想家——他们受了事业的强烈的吸引，即没有闲暇也没有热情去谋求物质上的利益。我的唯一奢望，是在一个自由国家中以一个自由学者的身份从事研究工作。我从没有视这种利益为理所当然的，因为我在24岁以前，我一直居住在被占领和蹂躏的波兰。我估量过在法国得到自由的代价。

我并非生来就是一个性情温和的人。我很早就知道，许多像我一样敏感的人，即使受一言半语的呵责，便会过分懊恼，因而我尽量克制自己的敏感。从我丈夫的温和沉静的性格中，我受益匪浅。当他猝然长逝后，我便学会了逆来顺受。我年纪渐老，我更会欣赏生活中的种种琐事，如栽花、植树、建筑，对诗歌朗诵和眺望星辰也有一点兴趣。

我一直沉醉于世界的优美之中，我所热爱的科学也不断增加它崭新的远景。我认定科学本身就具有伟大的美。一位从事研究工作的科学家，不仅是一个技术人员，而且是一个小孩儿，在大自然的景色中，好像迷醉于神话故事一般，迷醉于大自然的景色。这种科学的魅力，就是使我终生能够在实验室里埋头工作的主要原因。

叔本华论孤独（节选）

亚瑟·叔本华（Arthur Schopenhauer，1788—1860）德国著名哲学家。唯意志主义的创始人和主要代表之一。在人生观上，受印度教和佛教思想影响，持悲观主义的观点。

能够自得其乐，感觉到万物皆备于我，并可以说出这样的话：我的拥有就在我身——这是构成幸福的最重要的内容。因此，亚里士多德说过的一句话值得反复回味：幸福属于那些容易感到满足的人。这其中的一个原因是人除了依靠自身以外，无法有确切把握地依靠别人；另一个原因则是社会给人所带来的困难和不便、烦恼和危险难以胜数、无法避免。

获取幸福的错误方法莫过于追求花天酒地的生活，原因就在于我们企图把悲惨的人生变成接连不断的快感、欢乐和享受。这样，幻灭感就会接踵而至；与这种生活必然伴随而至的还有人与人的相互撒谎和哄骗。

生活在社交人群当中必然要求人们相互迁就和忍让，因此，人们聚会的场面越大，就越容易变得枯燥乏味。只有当一个人独处的时候，他才可以完全成为自己。谁要是不热爱独处，那他也就是不热爱自由，因为只有当一个人独处的时候，他才是自由的。拘谨、掣肘不可避免地伴随着社交聚会。

社交聚会要求人们做出牺牲，而一个人越具备独特的个性，那他就越难做出这样的牺牲。因此，一个人逃避、忍受抑或喜爱独处是和这一个人自身具备的价值恰成比例。因为在独处的时候，一个可怜虫就会感受到自己的全部可怜之处，而一个具有丰富思想的人只会感觉到自己丰富的思想。一言以蔽之：一个人只会感觉到自己的自身。进一步而言，一个人在大自然的级别中所处的位置越高，那他就越孤独，这是根本的，同时也是必然的。如果一个人身体的孤独和精神的孤独互相对应，那反倒对他大有好处。否则，跟与己不同的人进行频繁的交往会扰乱心神，并被夺走自我，而对此损失他并不会得到任何补偿。大自然在人与人之间的道德和智力方面定下了巨大差别，但社会对这些差别视而不见，对每个人都一视同仁。更有甚者，社会地位和等级所造成的人为的差别取代了大自然定下的差别，前者通常和后者背道而驰。受到大自然薄待的人受益于社会生活的这种安排而获得了良好的位置，而为数不多得到了大自然青睐的人，位置却被贬低了。因此，后一种人总是逃避社交聚会。而每个社交聚会一旦变得人多势众，平庸就会把持统治的地位。社交聚会之所以会对才智卓越之士造成伤害，就是因为每一个人都获得了平等的权利，而这又导致人们对任何事情都提出了同等的权利和要求，尽管他们的才具参差不一。接下来的结果就是：人们都要求别人承认他们对社会做出了同等的成绩和贡献。所谓的上流社会承认一个人在其他方面的优势，却唯独不肯承认一个人在精神思想方面的优势；他们甚至抵制这方面的优势。社会约束我们对愚蠢、呆笨和反常表现出没完没了的耐性，但具有优越个性的人却必须请求别人对自己的原谅；或者，他必须把自己的优越之处掩藏起来，因为优越突出的精神思想的存在，本身就构成了对他人的损害，尽管它完全无意这样做。因此，所谓"上流"的社交聚会，其劣处不仅在于它把那些我们不可能称道和喜爱的人提供给我们，同时，还不允许我们以自己的天性方式呈现本色；相反，它强迫我们为了迎合别人而扭曲、萎缩自己。具有深度的交谈和充满思想的话语只能属于由思想丰富的人所组成的聚会。在泛泛和平庸的社交聚会中，人们对充满思想见识的谈话绝对深恶痛绝。所以，在这种社交场合要取悦他人，就绝对有必要把自己变得平庸和狭窄。因此，我们为达到与他人相像、投契的目的就只能拒绝大部分的自我。当然，为此代价，我们获得了他人的好感。但一个人越有价值，那他就越会发现自己这样做实在是得不偿失，这根本就是一桩赔本的买卖。人们通常都是无力还债的：他们把无聊、烦恼、不快和否定自我强加给我们，但对此却无法做出补偿。绝大部分的社交聚会都是这样的实质。放弃这种社交聚会以换回独处，那我们就是做成了一桩精明的生意。另外，由于真正的、精神思想的优势不会见容于社交聚会，并且也着实难得一见，为了代替它，人们就采用了一种虚假的、世俗常规的、建立在相当随意的原则之上的东西作为某种优越的表现——它在高级的社交圈子里传统般地传递着，就像暗语一样地可以随时更改。这也就是人们名之为时尚或时髦的东西。但是，当这种优势一旦和人的真正优势互相碰撞，它就马上显示其弱点。并且，"当时髦进入时，常识也就引退了。"

大致说来，一个人只能与自己达致最完美的和谐，而不是与朋友或者配偶，因为人与人之间在个性和脾气方面的差异肯定会带来某些不相协调，哪怕这些不协调只是相当轻微。因此，完全、真正的内心平和和感觉宁静——这是在这尘世间仅次于健康的至高无上的恩物——也只有在一个人孤身独处的时候才可觅到；而要长期保持这一心境，则只有深居简出才行。

这样，如果一个人自身既伟大又丰富，那么，这个人就能享受到在这一贫乏的世上所能寻觅得到的最快活的状况。确实，我们可以这样说：友谊、爱情和荣誉紧紧地把人们联结在一起，但归根到底人只能老老实实地寄望于自己，顶多寄望于他们的孩子。由于客观或者主观的条件，一个人越不需要跟人们打交道，那么，他的处境也就越好。孤独的坏处就算不是一下子就被我们感觉得到，也可以让人一目了然；相比之下，社交生活的坏处却深藏不露：消遣、闲聊和其他与人交往的乐趣掩藏着巨大的，通常是难以弥补的祸害。青年人首要学习的一课，就是承受孤独，因为孤独是幸福、安乐的源泉。据此可知，只有那些依靠自己，能从一切事物当中体会到自身的人才是处境最妙的人。所以，西塞罗说过，"一个完全依靠自己，一切称得上属于他的东西都存在于他的自身的人是不可能不幸福的。"

除此之外，一个人的自身拥有越多，那么，别人能够给予他的也就越少。正是这一自身充足的感觉使具有内在丰富价值的人不愿为了与他人的交往而做出必需的、显而易见的牺牲；他们更不可能会主动寻求这些交往而否定自我。相比之下，由于欠缺自身内在，平庸的人喜好与人交往，喜欢迁就别人。这是因为他们忍受别人要比忍受他们自己来得更加容易。此外，在这世上，真正具备价值的东西并不会受到人们的注意，受人注意的东西却往往缺乏价值。每一个有价值的、出类拔萃的人都宁愿引退归隐——这就是上述事实的证明和结果。据此，对于一个具备自身价值的人来说，如果他懂得尽量减少自己的需求以保存或者扩大自己的自由，尽量少与他的同类接触——因为这世上人是无法避免与其同类打交道的，那么，这个人也就具备了真正的人生智慧。

促使人们投身于社会交往的，是人们欠缺忍受孤独的能力——在孤独中人们无法忍受自己。他们内心的厌烦和空虚驱使他们热衷于与人交往和到外地旅行、观光。他们的精神思想欠缺一种弹力，无法自己活动起来；因此，他们就试图通过喝酒提升精神，不少人就是由此途径变成了酒鬼。出于同样的原因，这些人需要得到来自外在的、持续不断的刺激——或者，更准确地说，通过与其同一类的人的接触，他们才能获取最强烈的刺激。一旦缺少了这种刺激，他们的精神思想就会在重负之下沉沦，最终陷进一种悲惨的浑噩之中。我们也可以说：这类人都只各自拥有人性的理念之中的一小部分内容。因此，他们需要得到他人的许多补充。只有这样，他们才能在某种程度上获得人的完整意识。相比之下，一个完整、典型的人就是一个独立的统一体，而不是人的统一体其中的一小部分。因此，这个人的自身也就是充足完备的。在这种意义上，我们可以把平庸之辈比之于那些俄罗斯兽角乐器。每只兽角只能发出一个单音，把所需的兽角恰当地凑在一起才能吹奏音乐。大众的精神和气质单调、乏味，恰似那些只能发出单音的兽角乐器。确实，不少人似乎毕生只有某种一成不变的见解，除此之外，就再也没有能力产生其他的念头和思想了。由此不但解释清楚为什么这些人是那样的无聊，同时也说明了他们何以如此热衷于与人交往，尤其喜欢成群结队地活动。这就是人类的群居特性。人们单调的个性使他们无法忍受自己，"愚蠢的人饱受其愚蠢所带来的疲累之苦"。人们只有在凑到一块、联合起来的时候，才能有所作为。这种情形与把俄罗斯兽角乐器集合起来才能演奏出音乐是一样的道理。但是，一个有丰富思想头脑的人，却可以跟一个能单独演奏音乐的乐手相比；或者，我们可以把他比喻为一架钢琴。钢琴本身是一个小型乐队。同样，这样一个人就是一个微型世界。其他人需要得到相互补充，但这种人的单个的头脑意识本身就已经是一个统一体。就像钢琴一样，他并不是一个交响乐队中的一分子，他更适合独自一人演奏。如果他真的需要跟别人合作演奏，那他就只能作为得到别的乐器伴奏的主音，就像乐队中的钢琴一样。或者，他就像钢琴那样定下声乐的调子。那些喜爱社会交往的人尽可以从我的这一比喻里面得出一条规律：交往人群所欠缺的质量只能在某种程度上通过人群的数量得到弥补。有一个有思想头脑的同伴就足够了。但如果除了平庸之辈就再难寻觅他人，那么，把这些人凑足一定的数量倒不失为一个好的办法，因为通过这些人的各自差异和相互补充——沿用兽角乐器的比喻——我们还是会有所收获的。但愿上天赐予我们耐心吧！同样，由于人们内心的贫乏和空虚，当那些更加优秀的人们为了某些高贵的理想目标而组成一个团体时，最后几乎无一例外都遭遇这样的结果：在那庞大的人群当中——他们就像覆盖一切、无孔不钻的细菌，随时准备着抓住任何能够驱赶无聊的机会——总有那么一些人混进或者强行闯进这一团体。用不了多长时间，这个团体要么遭到了破坏，要么就被篡改了本来面目，与组成这一团体的初衷背道而驰。

对于具有伟大心灵的人来说——他们都是人类的真正导师——不喜欢与他人频繁交往是一件很自然的事情，这和校长、教育家不会愿意与吵闹、喊叫的孩子们一齐游戏、玩耍是同一样的道理。这些人来到这个世上的任务就是引导人类跨越谬误的海洋，从而进入真理的福地。他们把人类从粗野和庸俗的黑暗深渊中拉上来，把他们提升至文明和教化的光明之中。

当然，他们必须生活在世俗男女当中，但却又不曾真正地属于这些俗人。从早年起他们就已经感觉到自己明显与他人有别，但只是随着时间的流逝才逐渐清晰地认识到自己的处境。他们与大众本来就有精神上的分离，现在，他们刻意再辅之以身体上的分离；任何人都不可以靠近他们，除非这些人并不属于泛泛的平庸之辈。

我们的年龄和我们对社交的热衷程度成反比——在这里，我们还可以发现哲学上的目的论发挥了作用。一个人越年轻，他就越需要在各个方面学习。这样，大自然就为年轻人提供了互相学习的机会。人们在与自己相仿的人交往时，也就是互相学习了。在这方面，人类社会可被称为一个庞大的贝尔·兰卡斯特模式的教育机构。一般的学校和书本教育是人为的，因为这些东西远离大自然的计划。所以，一个人越年轻，他就越感兴趣进入大自然的学校——这合乎大自然的目的。

如果一个人出于对别人的有理由的厌恶，迫于畏惧而选择了孤独的生活，那么，对于孤独生活的晦暗一面他是无法长时间忍受的，尤其正当年轻的时候。我给予这种人的建议就是养成这样的习惯：把部分的孤独带进社会人群中去，学会在人群中保持一定程度上的孤独。这样，他就要学会不要把自己随时随地的想法马上告诉别人；另外，对别人所说的话千万不要太过当真。他不能对别人有太多的期待，无论在道德上抑或在思想上。对于别人的看法，他应锻炼出一副淡漠、无动于衷的态度，因为这是培养值得称道的宽容的一个最切实可行的手段。

虽然生活在众人之中，但他不可以完全成为众人的一分子；他与众人应该保持一种尽量客观的联系。这样会使他避免与社会人群有太过紧密的联系，这也就保护自己免遭别人的中伤和侮辱。关于这种与人交往的节制方式，我们在莫拉丹所写的喜剧《咖啡厅，或新喜剧》中找到那值得一读的戏剧描写，尤其在剧中第一幕的第二景中对 D. 佩德罗的性格的描绘。从这种意义上说，我们可以把社会人群比喻为一堆火，明智的人在取暖的时候懂得与火保持一段距离，而不会像傻瓜那样太过靠近火堆；后者在灼伤自己以后，就一头扎进寒冷的孤独之中，大声地抱怨那灼人的火苗。

第九单元

学会智慧生活——自知·自励
（文摘·书摘）

自我意识与个人成长

丛 中

丛中，精神医学博士，北京大学精神卫生研究所教授。现为中国心理咨询与心理治疗专业委员会委员，主要从事神经症、人格障碍、应激障碍与危机干预等方面的心理治疗与咨询及研究工作。

我发表一下自己对于个人成长规律的认识：我们的过去影响着我们的现在，而我们现在的行为方式又铸造着我们的未来。也就是说，如果我们早年的经历比较好，就会有更多的机会自我发展。而如果在早年遇到的问题较多，就可能在成年后形成性格上的某些缺陷和不足。比如，如果我们早年没有遇到可信赖的父母，那么，成年后就容易对谁也信不过。

关于心理健康，我有三句话的概括：在成长过程中，心理健康是由幼年的人际关系塑造而成的。成年后，我们带着这种内心基础与他人打交道，心理健康就表现为良好的人际关系。如果我们有较好的人际关系，我们就能继续维持较好的心理健康状况。从这个角度讲，自我意识和心理健康，都与人际关系相关。但是，我们小时候经历的事情，比如生在什么时代，什么家庭，有什么样的父母，他们怎么对待我们，能够被我们自己决定吗？显然不能。既然幼年经历对自我成长有那么重要的影响，这是否意味着，我们终身的性格是无法改变的呢？我们的命运无法逆转呢？实际并非如此。因为一旦成年，我们就有了反思的能力，可以对幼年生活经验所形成的某些程序进行修正。尽管早期程序相对重要，但并非百分之百地决定了我们现在的行为。所以，今天我选择了自我意识当中比较重要的几个概念，并跟大家一起探讨如何来修正一些不好的程序。

"自尊"，即对自身价值感的肯定，认定自己对社会对他人还有用处。"自信"，是对自身能力的肯定和坚信。"自我效能"是对自我潜力的肯定。它更多的是由既往生活经历导致而成的。比如，过去我学会了骑摩托车，难道现在我就不会开汽车了吗？过去成功的经验会让我们相信自己有做某件更难的事情的潜能。"自尊""自信""自我效能"共同的反义词是"自卑"。它是对自我的一种态度，表现为对自己的能力和品质评价过低，轻视自己或者看不起自己，担心失去他人尊重的一种心理状态。

现在，我们要做的工作是修正自卑感。我特别喜欢尼采所说的"重估一切价值"。我说，我们要重估自我的一切价值，这是非常必要的。内外向性格的创建者、著名精神分析学家荣格，曾经讲述过自身体验：到三十四五岁时，他出现了一段时间的迷茫，感觉活着没有多大的劲儿。为什么呢？因为博士毕业了，教授头衔带上了，他开始质疑自己还能干些什么。后来他发现，他原来所追求的"博士""教授"等头衔，都属于社会外在价值，而只有追求自我内在价值，做自己喜欢的事情，才能让自己的生命重新焕发热情。的确，如果有机会，让在座的各位年纪轻轻就完成博士、博士后、教授等一系列进程，你会发现你的心灵会面临崩溃的边缘，因为你看中的外在价值体系都实现了，你不知道将何去何从了。

自卑的本质是自我劣等感，自我排斥、自我憎恨、自我不接纳。具体的表现有：首先是在认知上自我评价过低。有的研究生老是抱怨"我不行呀，我太笨。我肯定毕业不了了。我的朋友也离开了我，我太没用了"，总之是觉得自己没出息。按理说，研究生的社会地位很高，会受到外界很多人的羡慕，但是仍然有研究生摆脱不了自卑。可见自我评价和自身的实际社会地位不完全相符。我特别佩服"板爷"，他蹬着板车，车上坐着媳妇，菜筐子里头装着孩子，早出晚归，一天挣上十块钱就满足了。按理说，"板爷"的社会地位低，但他自己不这么感觉，他有自己的快乐。如果"板爷"自身也蔑视自己的社会地位，抱怨"我不该这么差"，他就会自卑；相反，如果他跟自己说"现在我认了，我就这样，我卖一辈子菜，别拿我当人"，他就不会有强烈的自卑感。

在自我评价过低之后，自卑感会表现为：自我厌恶甚至自我憎恨。因为感觉自己如此之差，进而不能接受自己。随之而来，会自我苛求。有个高二的女学生，在学校里一直表现出色，每次考试必然第一，但是有一次，她突然成了第二名，她无法接受这个事实，竟然要求休学一年，因为这样的话，她就比下一届的学生多学了一年功课，因此可以稳操胜券，能保持第一名，一直做到高中毕业。其实，在她偶然遇到成绩落到第二名的时候，她就开始自卑了。自卑还会表现出自我陶醉、自暴自弃的倾向。有个高中男孩，在学校的时候，成天上课睡觉或者玩耍，放学回到家，就拼命学习，因此成绩也不错，老师夸他是年级最聪明的学生。得到这一评价，他特别高兴。但是渐渐的，功课多了，任务重了，上课完全不听讲，即使在家开小灶还是赶不上进度。于是，他改变了策略，在家集中学习数学一门，这样下来，虽然其他学科成绩非常糟糕，但是数学成绩一直优秀，老师仍然夸他很聪明。只可惜太贪玩，高考迫近了，他怎么拼命也赶不上所有的功课，于是，他干脆选择放弃努力，让大家继续赞赏他外表的悠闲和聪慧。

除此之外，自卑感反映在人际交往上，会表现为：不敢表达，讨好他人，人际敏感，过度控制，行为退缩，孤僻离群。这是一系列连续的反映。首先，一旦某个人有了自卑的倾向，他就会觉得自己能力有限，每当别人讨论问题的时候，总是担心自己的"浅见"会遭人耻笑，总想"不鸣则已，一鸣惊人"，说起话来要妙语连珠，可是却发现该自己说话的时候却大脑一片空白。最后，他干脆放弃发言的权利。当别人高谈阔论时，他会一味附和，表现出刻意的奉承，但是没有想到，这反而使得别人认为他没有独立的人格而更不愿意与他交往。当他的人际关系已经不太好的时候，就会刻意留心身边的人的反应，就像有一天，身边的人不高兴了，对他置之不理，这本来完全不关他的事情，他也会烦恼，苦苦思索是不是自己得罪他了，哪里料到也许别人只不过跟妻子吵架了，因此心情极度恶劣。因为敏感，怕出差错，有自卑感的人就会过度控制自身的一言一行。当发现这样还是不能获得友谊时，他就会异常退缩，活在属于自己的狭小空间里，感到无比的孤独寂寞。从这个分析中我们可以发现人际关系的重要性。记得小平同志提出"科学技术是第一生产力"之后，我的一个同事兴致勃勃地告诉我说，他发现"人际关系是第二生产力"。的确，在一个企业中，仅仅有高深的科技，却没有管理人员、科研人员、销售人员、生产人员团结协作，还是无法取得令人满意的经济效益。

下面，我们探讨一下自卑形成的原因。

它可能有生理方面的原因，比如由于身体缺陷或生长发育的问题，有的人会觉得低人一等，自暴自弃。但是，更多的或更根本的还是心理方面的原因。而这种心理缺陷又与幼年经历相关。这具体有五种表现。第一，缺乏爱、被忽视、被冷落。我们可能见过这样的例子：当父母吵架、争持不下，而把孩子丢在一旁、不闻不问时，孩子会砸东西，以引起父母的注意。可见，他们渴望被关注。第二，过度地受到批评和惩罚。比如一个孩子小时候因为成绩不好，经常受到父母的责骂，长此以往，他就会认为自己真的很没有用，从而感到自卑，出现厌学情绪。第三，习得性无助。这是一个社会心理学的概念。指人不断经历挫折后会觉得自己没有能力。第四，过度保护和过度依赖。为什么这也能滋生自卑情绪呢？因为一方面，孩子长大后，会离开自己依赖的人，突然发现周围的人不能再让他依赖了，他感到无助，感到时刻存在一种被遗弃的潜在危险；另一方面，孩子习惯了被保护，也就习惯性地认为自己没有能力克服困难、解决问题。第五，过高的期待和过度的自我控制。

谈到自我期待时，必然会谈到几个相关的概念。"现实自我"指的是某一特定时间某个人现有的一切；"真实自我"指的是自我内部潜在的可能性；"理想自我"指的是在想象中希望成为的自我。一般会认为，"理想自我"会鼓舞人，可以给人提供一种价值感和身份意识，这没错，但是它还有负面影响。一旦一个人的理想过高、完全无法实现而他又绝不放弃时，就容易使人增加自我鄙视的感觉，就会使人产生额外的内心冲突。在心理咨询的过程中，我曾经遇到这样一个案例：有一位本科生，看到电视上报道有人获得了"双博士"学位，他非常受鼓舞，于是制定计划，从本科阶段开始，就发奋图强，他的目标是先攻读"双学士"学位，再攻读"双硕士"学位，最后一共要拿到八个博士学位。他开始制订严格的学习计划，课间十分钟也要分三个学习段，上厕所要拿着书背诵课文。开头几天还好，成效显著。但是几天之后，他被这严格的学习计划压得喘不过气来，他发现每天都无力完成他制订的完美计划。于是他开始蔑视自己，认为自己是个废物，一个学期下来有几门功课不及格，并出现了焦虑、紧张、恐惧等症状，最后不得不中途退学。从这个例子可以发现：理想自我也存在负面的作用。高尔基曾经说：一个人的目标越高，他的才智就发挥得越充分；一个人追求的目标越高，进步就越快。但是，我并不这么认为，因为如果目标过高，我们根本就没有实现的现实可能性，而我们还坚持必须实现这样的目标，有点儿像当年的"大跃进"，结果只能是造成自我挫败。要使得"理想自我"更多地发挥正面效应，就必须立足于现实，正确地估算目标，然后踏踏实实地去实践。

针对自卑形成的原因，要消除自卑，我觉得应该从以下六个方面着手：第一，重新评价自己，重估一切自我价值，包括重新审订自我价值的评判标准，要做到以人为本。第二，尊重自己，善待自己。第三，勇于表达自己的需要、愿望、见解和情感。第四，宽容自己，接纳自我。第五，目标适当，面向理想，立足现实。第六，积极行动，善于交往。

重视集体贬低个体的价值倾向；求同不求异的处事方式；重视物质利益轻视心理意义的利益倾向；重视理智与意志，轻视情感与需要的非人本倾向。因此，我们需要对我们的自我意识进行重新审视和评价，谨防"精神自杀"的发生！

现在，我们正在面临着一种新的侵略：文化侵略。过去，我们曾经经历过战争侵略、经济侵略等，这些还是比较容易发现并抵御的。而文化的侵略，就比较难以发现和抵御。因为我们人类一出生就掉进文化的海洋里，我们如同海洋中的鱼儿，离开文化之水，我们的生命就难以存活。这些文化并不单指外来文化和传统文化，也包括如网络这样的现代文化。我们每天花了很多的时间上网查资料，刷新电子信箱，不上网就无抓无挠、无着无落的，不听讲座、不参加各种学习班似乎就无法存活。我们满脑子里装的都是别人的想法，唯独没有自己的想法。文化正在渗透到我们的自我意识中，如果我们不对我们自身的文化观念等进行反省和价值重估的话，我们还是无法成为一个心理健康成长的人。林语堂曾经对中国的文化进行过一些有益的思考和反省，这还很不够，我们还需要今后在更加长期的时间里，对我们的文化、对我们的自我意识进行更加深入的反省。美国心理学家马斯洛曾经提出，一个心理健康的人应该是有能力创造属于他自己的文化的人。我认为，如果我们的民族要振兴的话，起码要反省我们的自我意识、努力创新我们自己的文化。只有建立健康的自我意识，个人才能顺利成长，只有建立健康的群体文化，我们的国家和民族才能逐步强大起来。现在看来，我们距离这样的要求还有一大段距离。

人类是"自恋"的，在每个人心中，我是宇宙的中心。而客观上看，每个人都是茫茫宇宙中的一分子。心理健康的人，应该是自我意识健康的人，是能够在"自我中心"和"宇宙中心"之间自由穿梭的人。在人类探索宇宙已经取得一个个卓越成果的时候，我希望在探索人类自我这一点上将来也能有突破性的进展。我也希望人类能够既重视理智又珍重情感，既重视物质又关注心灵，既重视集体又尊重个体，从而展现出一个真实、完整的自我！

（有删节）

看破红尘

刘宝成

所谓红尘，显然是指世俗生活，而看破红尘的人自然是厌倦了世俗生活。世上总有些所谓看破红尘的人，他们要么否定精神世界的价值追求，选择无所事事，得乐一时算一时；要么悲观厌世，选择封闭心门逃避俗世。这样的人，看似在经历了莫大的挫折之后有了某种"顿悟"，而实质上，是在彻底失望之后而变得愈加褊狭起来，自行放弃了对幸福的追求。在态度上，这些人往往玩世不恭，但是在他们嘲笑那些执着追求的人无知和浅薄，甚至诅咒身处的世界或者至少是周围的某些碍眼的人的时候，他们已经被社会边缘化了——在其他人的眼中，这类人无异于行尸走肉，因而被忽略了，这实质上是一种更严厉的惩罚，导致更进一步的心理挫败感。他们所有的慨叹，不被多数人认可，最终成了向世界宣示自己无能为力的哀鸣。

　　每个人活在尘世，原本对自己的价值都是有所期待的。期望值是指人对（经由个人或群体努力）能否以及在多大程度上实现既定目标所做出的主观判断，这是一种概率估计。若能完全实现目标，其概率为最大（P=1）；反之，若根本不能实现目标，则概率为最小（P=0）。其中涉及三个关键的要素，即努力、目标和判断，另外应该还有一个，就是效价。效价是指实现目标对一个人所能产生的价值。期望值的建立主要来自于一个人过去的经验。期望值越高，一个人的努力程度，即积极性就越高。

　　一个人的挫败感，源自内心的效价评估带来的失望。面对目标没有达成的"失败"，需要对效价进行理性梳理重估，需要客观检索目标的设定是否切实，努力的程度是否足够，实现目标的概率预估是否科学，客观因素是否发生了改变，等等；假如不能客观正视"失败"的现实，一味沉湎于自我得失计较的心态中，一遇大的挫败，很易陷入绝望。

　　那些看破红尘、心灰意冷的人，无一例外地认为自己丢失了太多，而这恰恰是一个可笑的错觉。其实，任何人都不可能丢失什么，因为他不可能丢失原本不属于自己的东西，这是一个极其简单的逻辑。一个人不可能丢失自己的过去，因为过去已经是时间记录的历史，就像地球已演化了46亿年；一个人不可能丢失未来，因为它还没有到来，只要还没有到来，机会就永远开放着大门。从心理学的角度而言，任何既得的东西都不会构成奋进的动力，而只有那些尚未得到的、但有希望得到的才会激励人们继续努力。

　　匈牙利诗人裴多菲1847年7月17日致友人凯雷尼·弗里杰什的信："绝望之为虚妄，正与希望相同。"希望与失望都是"虚妄"的，都是不现实的，不要以所谓的"希望"来代替现实，也不要以所谓的"绝望"来否定现实；只有脚踏实地，埋头苦干，拼命硬干，才能获得真正的希望，摒弃绝望。

　　"越是小人物，自尊心就越容易满足，也越容易伤害。当一个卑微的生命受到侵害时，他可以竭尽潜能实施报复，直至毁灭别人。"[①]小人物因其目标层次较低，而容易满足；又因这一目标或成为他自我价值的唯一呈现，因唯一而视为致命，从而极易受到伤害。一旦受挫陷入绝望，他们有的是时间实施报复，而最可怕的是，他们没有底线，因为他们的任何行为都没有什么机会成本。这类人是不能救赎却可以饶恕的，倘若避之不及，最好的办法就是慷慨一些。"小功不赏，则大功不立；小怨不赦，则大怨必生。"[②]

　　在如何对待遭遇侮辱的问题上，古人显示了诸多不同的态度。一是逆来顺受。唾面自干是一个典型的例子，而最耳熟能详的例子莫过于韩信如何面对胯下之辱。除了赍志远大之外，在饥寒交迫的时刻，漂母的至纯的善意给了他莫大的鼓舞。所以，当一个人穷途末路的时候，他自我救赎的办法便是发现身边哪怕最微弱的荧光。

　　发现人世荧光，只是避免绝望的权宜之计，真正的自我救赎还有赖于人生的达观智慧。悲观厌世的人有种种的抱怨，生不逢时、天道无常、命运多舛，俨然一副虎落平阳的姿态。然而，与其怨天尤人，莫若反躬自省。自己真正有英雄的本领和气度吗？古代思想家荀子指出：天道有常，不为尧存，不为桀亡。应之以治，则吉；应之以乱，则凶。[③]乱世能出枭雄，治世则出能臣。真正的英雄在任何时代、任何境遇之下都会有不同凡响的作为，一如金子埋在土里也会闪光。爱默生曾说过，痛苦的根源在于你还有闲暇抱怨。

　　英国哲学家边沁指出：希望即快乐的前景，恐惧是迷狂的源泉。[④]那些宣称因看破红尘而及时行乐的人实际上是在恐惧的逼迫之下陷入了迷狂的状态，恰如《蒋兴哥重会珍珠衫》中所说："大凡人不做指望，倒也不在心上；一做指望，便痴心妄想，时刻难过。"如此便播下了不计后果的祸种，自身的行乐也只是局限于感官的刺激，对他人的伤害也令自己麻木不仁。

苏格拉底在《裴多》中讨论了关于灵魂的两个假定：如果灵魂是不朽的，它要求我们不仅在被我们称作活着的这部分时间照料它，而且要在所有的时间照料它；如果死亡是一种摆脱一切的解放，那么它对恶者来说是一种恩惠，因为借助死亡，他们不仅摆脱了身体，而且也摆脱了他们与灵魂在一起时犯下的罪恶。然而实际上，由于灵魂是不朽的，因此若要获得真正的价值感幸福感，除了尽可能变得善良与聪明以外，别无他途。

看破红尘的另一种解脱方法是超凡脱俗，皈依某种宗教，遁入空门，不失为一种聪明的抉择。然而，这正是马基雅维里所蔑视且严厉谴责的，他认为宗教徒然贬抑感觉的自然冲动，结果只能使人变得更加卑微、怯懦、虚弱。相反，他义无反顾地赞颂由灵魂的伟大和肉体的强壮相结合的英雄主义。

马基雅维里坚信美德的力量，他将一切真正和至高的价值都集中于他所称的美德上，并为这一世人熟知的概念赋予了颇为独特的感知和阐述，用他的说法，是一种原创性美德。在他心目中，这种美德固然包含伦理的性质，而更重要的是指某种生机勃勃的、自然灌输于人的东西，即追求文治武功的英雄主义。他指出，面对命运的各种打击，许多人认为一切智慧都敌不过命运，因而必须听任它的恣意。然而，屈从于这种感觉就是缺乏美德的表现。他宣称，"我们的行为只有一半受命运支配，而另一半或近乎一半，是留给我们自己主宰的。"在人没有许多美德的场合，命运就足够清楚地显示其力量。所以，他号召人们振奋起来，开河筑坝来同命运的洪流抗争。⑤美德肩负着逼迫命运的任务，面对恶毒的命运，在别无选择时，美德也要做到以毒攻毒。因为美德有一种完全真实的权利在不择手段，以达到征服命运之目的。

朴实纯真固然是一种美德，但在美德的阶梯上，它仅处于较低的层次。由其目标所导引，至上的美德并不是一块洁白无瑕的美玉，而是容许一切邪恶的侵袭，甚至敢于且能够采取邪恶的手段以实现大善的目标。

至上的美德表现在正向的价值观、高远的精神境界和宏阔的人生格局。人际环境是一个人价值观的决定因素，儒家强调"亲君子，远小人"，这不失为一种趋利避害的明智修身之举；然而，道家则推崇更高的境界，讲求"善摄生者无死地"，意思是善意生存的人没有死穴，自身强大则可以遗世独立，做到百毒不侵，绝地逢生。"盖闻善摄生者，陆行不遇兕虎，入军不被甲兵；兕无所投其角，虎无所措其爪，兵无所容其刃。夫何故？以其无死地。"⑥所以，道家敢于任何善恶，所谓"善者，吾善之；不善者，吾亦善之，德善。信者，吾信之；不信者，吾亦信之，德信。"⑦儒家所说的"君子坦荡荡，小人长戚戚"⑧也殊途同归地表达了该层意思。那些说三道四，以小人之名对周围指指点点的人，足以反映自身狭小的器量。些许得失则斤斤计较，点滴恩怨则久难释怀，殊不知，满眼望去小人遍地的人，他自己何尝不属于小人呢？

挫败感是争强好胜者失势之余的剧痛。对此，道家竭力崇尚水的品质，所谓"上善若水"。因为，水善利万物而不争，处众人之所恶，故几于道。居善地，心善渊，与善仁，言善信，正善治，事善能，动善时。夫唯不争，故无尤。

流俗当中有两种劝慰挫败的做法。一种是诉诸榜样的力量，从尼克·胡哲之类先天的不幸者如何做到达观自若，最终找到幸福，到曼德拉之类屡挫屡战，终成一代英雄。榜样仅对那些头脑简单的人具有短暂的煽动作用，其实是无法效仿的，即使那些榜样本人也无法重复自己的幸福或成功之旅，因为每个人的境遇都是千差万别的，而且是瞬息万变的，社会不是高度洁净的实验室。进而言之，榜样反而会增加模仿者的挫败感，激情充起的泡沫终将破灭，二次的挫败必然更具毁灭性。另一种做法就是端出更糟糕的人进行比对。有期徒刑的罪犯总会对无期徒刑的罪犯表示莫名的欢迎。这种做法调动了人们邪恶的本性，结果使之要么因为意识到有人比自己更差而心安理得于不思进取，要么促使其设法把比自己更强的人变得更差。由此可见，这两种做法看似善意，而实质与恶作剧并无二致。

决定一个人命运的往往不是他的才能，而是器量。君子贤而能容罢，知而能容愚，博而能容浅，粹而能容杂（《荀子·非相》）。生活原本就是苦乐相间的，未知苦，焉知乐；未知乐，焉知苦！但看法不同，悲观主义者认为快乐只是一生痛苦中的间奏，而乐观主义者则认为痛苦仅是快乐人生的佐料。

自大看似恃才傲物，而实际上是短视和缺乏器量的表现，这也属于低能的形式。一个人在为自己的一点特长而沾沾自喜的时候，是难以发现身边人的优点的，殊不知，心虚常觉友朋贤（袁枚《小仓山房诗文集·遣兴》）。不知天外有天，缺乏容人之量，会促使一个人妄自尊大。然而这样的人往往是极其脆弱的，大到人生，小到行事。短视说明一个人没有掌握更多的备选，一旦预设的道路受阻，他便灰心丧气，甚至自暴自弃。自大无众，无众则孤（李梦阳《空同子·论学下篇》），说白了，就是自绝于人民。

为什么悲观厌世？世道凶险，生不逢时，诸如此类的喟叹是毫无根据的。起码从孔子发出"礼崩乐坏"的感叹开始，每个当世的人都习惯于借古讽今，借海外以讥域内，指责世风日下，危邦不居。然而仔细想来，所谓世道，所谓红尘，无外乎就是身边的那几个人，身边的那几件事，因为通贯毕生，任何人也只能接触到那么几个人和几件事。当然，能够成就几个人或者几件事的更是为数戋戋。

【注释】

①王跃文，《蜗牛·秋风庭院》，群言出版社，2009年1月，168页。

②黄石公，《素书》，中国纺织出版社，2009年9月，208页。

③《荀子·天论》，第十七篇。

④边沁，《道德与立法原理导论》，商务印书馆，2012年11月第6次印刷，66页

⑤参见：[德]弗里德里希·边内克，时殷弘译，《马基雅维利主义》，商务印书馆，2008年，95-97页。

⑥老子，《道德经》，第五十章。

⑦老子，《道德经》，第四十九章。

⑧《论语·述而篇》，第七章。

情商（摘编）

——摘自谭春虹《EQ情商》一书

1983年，哈佛大学心理学家霍华德·加德纳在《精神状态》一书中提出，人有"多元智

慧"，开启了情商学说的新智。1991年，耶鲁大学心理学家彼得·塞拉维和新罕布什尔大学的琼·梅耶首创"情商"一词。1995年，《纽约时报》专栏作家丹尼尔·戈尔曼出版《情绪智力》一书，将情商推向高潮。EQ在美国掀起轩然大波，进而风靡全世界。

情商概念的提出，是人类智能的第二次革命，其主要观点包括：情商是人的重要的生存能力，是一种发掘情感潜能、运用情感能力影响生活各个层面和人生未来的关键的品质因素。一个人在社会上要获得成功，起主要作用的不是智力因素，而是他们所说的情绪智能，前者占20%，后者占80%。

什么是情商

情商（EQ）又称情绪智力，是近年来心理学家们提出的与智力和智商相对应的概念。它主要是指人在情绪、情感、意志、耐受挫折等方面的品质。以往认为，一个人能否在一生中取得成就，智力水平是第一重要的，即智商越高，取得成就的可能性就越大。但现在心理学家们普遍认为，情商水平的高低对一个人能否取得成功也有着重大的影响作用，有时其作用甚至要超过智力水平。那么，到底什么是情商呢？美国心理学家认为，情商包括以下几个方面的内容：

一是认识自身的情绪。因为只有认识自己，才能成为自己生活的主宰。

二是能妥善管理自己的情绪。即能调控自己。

三是自我激励，它能够使人走出生命中的低潮，重新出发。

四是认知他人的情绪。这是与他人正常交往，实现顺利沟通的基础。

五是人际关系的管理。即领导和管理能力。

情商的水平不像智力水平那样可用测验分数较准确地表示出来，它只能根据个人的综合表现进行判断。心理学家们还认为，情商水平高的人具有如下的特点：社交能力强，外向而愉快，不易陷入恐惧或伤感，对事业较投入，为人正直，富于同情心，情感生活较丰富但不逾矩，无论是独处还是与许多人在一起时都能怡然自得。专家们还认为，一个人是否具有较高的情商，和童年时期的教育培养有着密切的关系。因此，培养情商应从小开始。

打造成功人生和超级影响力

人类智能研究的最新成果表明，最精确、最惊人的成就评量标准是EQ情商，EQ在成功的因素中往往占80%，EQ高的人在人生各个领域都占尽优势。透过情商，你可以精确地预知自己人生道路上的每一种可能及答案。

优异的学业成绩，并不意味着你在生活和事业中能获得成功。成功不仅取决于个人的谋略才智，在很大程度上，还取决于正确处理个人情感与别人情感之间关系的能力，也就是自我管理和调节人际关系的能力。

对自己和他人情绪的评估能力是一个人最基本的情商。高情商者之所以更受欢迎，在于他对自己和他人的情绪能做出准确的判断，在此基础上见机行事，调整自己的言行，而低情商者则因无法认知自己和他人的情绪，容易陷入心灵困境中不能自拔，在现实生活中处处碰壁。

情商让你学习审视和了解自己，学会怎样激励自己，你将不会再无助地听任消极情绪的摆布，能够从容地面对痛苦、忧虑、愤怒和恐惧，并且，你发现自己能轻而易举地驾驭它们。

高情商者不但容易形成良好的人际关系，而且易于为自己营造良好的成才环境，从而更容易在职业生涯和私人生活中取得成就。

人们认为，智商决定录用，情商决定提升，这一说法在某种程度上反映了企业组织中的人力资源管理事实。

情商影响产品推销员的成功、经理的业绩，甚至影响科研开发人员的成果。那些成功的人士，如政治家、军事家、企业家等，都具有很高的情商，他们之所以成功，是因为在最困难的时候，情商支撑他们渡过了难关。

聪明人并非都是成功者

与交往能力差、性格孤僻的高智商者相比，那些能够敏锐了解他人情绪、善于控制自己情绪的人，更可能得到一份称心的工作，也更可能取得成功。智商高的聪明人却不一定都是成功者，这说明，智商的高低并不能决定成就的大小。

美国心理学家做过一项有趣的研究。1981年，他们挑选了伊利诺伊州某中学81位毕业演说代表，这些人的平均智商在全校是最高的。研究发现，这些学生毕业后进入大学，学习期间都取得了很好的成绩，但到30多岁时却表现平平。从中学毕业算起，10年后，只有1/4的人在本行中达到同龄段的最高阶层，很多人的表现甚至远远不如同辈。

有过人的智慧的确是一件幸事，智力自有它动人璀璨的一面。然而，许多智商高的人仍然在生活的底层苦苦跋涉。

开动脑筋，寻找办法，但这并不是说，所有的成功都会来自你的智慧，更重要的是，你要发现自己的不足，让你的性格和情绪得以完善。只有这样，你才能在事业中不断前进，实现自己的梦想。你可以毫不怀疑地相信，成功者其实就是善于调节自己情绪的人。

情绪影响你的人生

人都有五彩缤纷的情绪世界，释放积极情绪和调控消极情绪，能保持生命健康成长，激励自己踏上成功的人生之路。

积极良好的情绪，能保持人的精神与躯体的健康，短暂的消极情绪不会对健康造成不利影响，但长期消极和不愉快的情绪，就会对人的健康带来损伤，严重的甚至引起疾病。

情商是影响个人健康、情感、人生成功及人际关系的重要因素。

情商是一种能力，是一种准确察觉、评价和表达情绪的能力，一种接近并产生感情，以促进思维的能力，一种调节情绪，以帮助情绪和智力发展的能力。

情商决定命运

情商的高低，可以决定一个人的其他能力（包括智力）能否发挥到极致，从而决定他的人生有多大的成就。

这样一个笑话，问：一个笨蛋15年后变成什么？答曰：老板。

从某种意义上说，这个答案再正确不过了。即使是笨蛋，如果情商比别人高明，职业上的表现也必然胜出一筹，他的命运自然会大为改观。

许多证据显示，情商较高的人在人生各个领域都占尽优势，无论是谈恋爱、人际关系，还是在主宰个人命运等方面，其成功的机会都比较大。

此外，情商高的人生活更有效率，更易获得满足，更能运用自己的智能获取丰硕的成果。反之，不能驾驭自己情感的人，内心激烈的冲突，削弱了他们本应集中于工作的实际能力和思考能力。

也就是说，情商的高低可决定一个人其他能力（包括智力）能否发挥到极致，从而决定他有多大的成就。

多年以来，人们一直以为高智商等于高成就，其实，人一生的成就至多只有20％归之于智商，80％则受情商因素的影响。

所谓20％与80％并不是一个绝对的比例，它只是表明，情感智商在人生成就中起着至关重要的作用。尽管智商的作用不可缺少，但过去把它的作用估量得太高了。

为此，心理学家霍华·嘉纳说："一个人最后在社会上占据什么位置，绝大部分取决于非智力因素。"

现代研究已经证实，情商在人生的成功中起着决定性因素，只有情感与智商联袂登台，智商才能得到淋漓尽致的发挥。在许多领域卓有成就的人当中，有相当一部分人，在学校里被认为智商并不太高，但他们充分地发挥了他们的情商，最后获得了成功。

达尔文在他的日记中说："教师、家长都认为我是平庸无奇的儿童，智力也比一般人低下。"但他成了伟大的科学家。

爱因斯坦在1955年的一封信中写道："我的弱点是智力不行，特别苦于记单词和课文。"但他成为世界级的科学大师。

洪堡上学时的成绩也不好，一次演讲中他提到："我曾经相信，我的家庭教师再怎样让我努力学习，我也达不到一般人的智力水平。"可是，20多年后，他却成为杰出的植物学家、地理学家和政治家。

凯文·米勒小时候学习成绩很差，高中毕业时靠着体育方面的才能，才勉强进入芝加哥大学学习。许多年后，在他公开的日记中有这样的记述："老师和父亲都认为我是一个笨拙的儿童，我自己也认为其他孩子在智力方面比我强。"可是，这位凯文·米勒经过多年的努力，却成为美国著名的洛兹企业集团的总裁。

了 解 自 我

善于了解自己情绪的人，大多善于将自己的情绪调整到一个最佳位置，调谐或顺应他人的情绪基调，轻而易举地将他人的情绪纳入自己的主航道。这样，在交往和沟通中将一帆风顺。

认识并把握住自己的情绪，便能指导自己的人生，从而主宰自己的人生。

人在陷入某种情绪中往往并不自知，总是在事情发生过后才会发现。高情商者是自我觉知型的人，他们了解自己的情绪，对自己情绪状态能进行认知、体察和监控。他们具备自我意识，能在情绪纷扰中保持中立自省的能力。

认识了自己，你就是一座金矿，你就能够在人生中展现出应有的丰采。认识了自我，你就成功了一半。要做到真正认识自己，客观而中肯地评价自己，常常比正确地认识和评价别人要更为困难。能够自省自察的人，是大智大勇之人。

人的成长就是不断地蜕变，不断地进行自我认识和自我改造。对自己认识得越准确越深刻，取得成功的可能性就越大。

在每个人的精神世界里，都存在着矛盾的两面：善与恶，好与坏，创造性与破坏性。你将成长为怎样的人，外因当然起作用，但你对自己不断地反思，不断地在灵魂世界里进行自我扬弃，内省所起的作用是不能低估的。

任何只停留在外表的修饰美化，如改变口才、风度、衣着等，都无法使人真正得到成长。要彻底改变旧我，要成长为一个真正的人，必须有一颗坚强的心来支撑自己去经历更高层次的蜕变。

一个真正成熟的人，应该在充分认识客观世界的同时，充分看透自己。

常会遇到这样一些人，他们身上有些缺点那么令人讨厌：他们或爱挑剔、喜争执，或小心眼、好忌妒，或懦弱猥琐或浮躁粗暴……这些缺点不但影响着他的事业，而且还使他不受人欢迎，无法与人建立良好的人际关系。

用诚实坦白的目光审视自己通常是很痛苦的，因此，也是难能可贵的。人有时会有脑子里闪现一些不光彩的想法，但这并不要紧，人不可能各方面都很完美、毫无缺点，最要紧的是能自我省察。

高情商者是自省能力强的人，是善于聆听自己内在声音的人，他们最容易将自己的情绪调节到一个最佳位置，并能用流利的语言表达其情感，当他与人交往时，也更能与人沟通。

而今天，那些拥有高情绪智商的总裁则不同，他会展现出和蔼可亲的形象。他更像是一个优秀的沟通者，一个热诚、关心他人的人，同时也很受大家的欢迎，具有领导者的魅力。

拥有高情绪智商的人还具有其他两种能力：在两个敌对的派系之间能进行有效的周旋以及能将不同的个体进行有效的组织，以提高团队的效率。他们就像成功的政治家一样，能够使自己周围的人，不论是个人还是集体，都能感受到自己受到了重视和支持，从而散发出热情和赞许。

自我心像助你认识自己

自我心像是根据自己过去成功或失败的经验，他人对自己的反应和评价而不自觉形成的。

如果你的自我心像是一个低能者，你就会在自己的内心深处的那块屏幕上，经常看到一个无所作为、不受人重视的平庸小人物。而且，遇到困难时你会对自己说没有能力，在生活和工作中，你就会感到自卑、沮丧无力。

如果你的自我心像是一个多才多艺者，你就会在自己内心深处的屏幕上，经常看到一个办事利索、受人尊重、进取向上的自我。这样，在任何情况下，你都会对自己说：我能干好。在工作中，你就会有自尊、愉快、好胜等良好的心态，从而在工作中取得成绩。

自我心像确立的原则是：在真实自我的基础上，最好稍微高一些。高一些的自我心像会使你信心更强、制定的目标更大，把你的潜力更多地挖掘出来。偏低，尤其是明显偏低，是确立自我心像的大忌。它会损伤你的自信心，可能使你连现有的能力也发挥不出来，更不要说挖掘潜力了。

当你第一次获得成功时，良好的自我心像就开始形成了。

对于许多人来说，有无良好的自我心像，有无自信心，首先取决于父辈是否有良好的自我心像。没有良好自我心像的父母，很难培养出自信的孩子。

最需要调整的就是自卑的自我心像，当你总觉得自己一无是处，事事不如人时，就应当主动修改自我心像了。

过于高大的自我心像也应进行适当调整。对自己估价过高，不仅不利于客观地设计进取目标，还会破坏人际关系，使人际环境恶化，给自己走向成功的道路设置许多障碍。

自信心略强、抱负略大，才有利于成就的取得和自我能力的提高。

自我心像如何，是能否取得成功的首要基础。你觉得自己是个聪明的人，你就不会在难题面前轻易罢休。你觉得自己将一事无成，你就不会再向更高的目标努力。因为良好的自我心像表现出来就是自信心。

当自信心帮你建功立业之后，你躺在功劳簿上睡大觉了，而且自以为创建的功业前无古人，后无来者，这时，曾帮你建功立业的自信心就转化为盲目自大了，而且，这种盲目自大将不可避免地带来固执和僵化。

管 理 自 我

人的情绪表现受到众多因素的影响，遇到不好的事情发生时，人们或低落消沉，或火冒三丈，或愤愤不平，或心烦气躁，种种劣质情绪都会给人带来负面影响。所以，必须运用各种情绪管理技巧，灵活的调控自己的情绪，舒解矛盾，保证情绪的稳定和行为的积极。

积极情绪与人们的价值取向相联系，而消极情绪通常与畏惧和愤怒相联系。当积极情绪遍及心灵时，消极情绪就几乎没有立足之地。

操之在我是自我情绪管理的技巧，它指的是要能够控制自己的情绪，不受制于人，不为环境因素所左右，它是情商的至高境界。

"没有时间去忧虑"，这是丘吉尔在战事紧张、每天要工作18个小时的时候说的话。当别人问他是否为自己肩负的重任而忧虑时，丘吉尔说："我太忙了，没有时间去忧虑。"

别让忧虑困住自己。在非洲草原上，有一种不起眼动物叫吸血蝙蝠。它身体极小，却是野马的天敌。这些蝙蝠靠吸动物的血生存，它在攻击野马时，常附在马腿上，用锋利的牙齿极敏捷地刺破野马的腿，然后用尖尖的嘴吸血。无论野马怎么蹦跳、狂奔，都无法驱逐这种蝙蝠。蝙蝠却可以从容地吸附在野马身上，落在野马头上，直到吃饱喝足，才满意地飞去。而野马常常在暴怒、狂奔、流血中无可奈何地死去。动物学家们在分析这一现象时指出，吸血蝙蝠所吸的血量是微不足道的，远不会让野马死去，野马的死是它暴怒的习性和狂奔所致。

现实生活有着惊人的相似之处。将人们击垮的，有时并不是那些看似灭顶之灾的挑战，而是一些微不足道的鸡毛蒜皮的小事。

的确，人们通常都能勇敢地面对生活中大的危机，可是，却会被那些小事情搞得垂头丧气。但是一个具有高情商的人，决不会让小事情困住自己的情绪。

"生命太短促了，不能再只顾小事。"这句话曾经帮安德烈·摩瑞斯捱过很多痛苦的经历。摩瑞斯说："我们常常让自己因为一些小事情，一些应该不屑一顾和很快该忘的小事情弄得非常心烦……我们活在这个世界上只有短短的几十年，而我们浪费了很多时间，去为一些一天之内就会被人忘记的小事发愁。不要这样，不要再顾及那些小事。"

不为别人的批评而烦恼。情商高的人都不会为别人的批评而烦恼，太在意别人批评的人，都会局限于狭窄的范围内，而让自己失去了更为广阔的天地。

只要你专注努力，你是能干好这件事的。认为别人都比自己强，自己处处不如人，这是一种病态心理。在成功之路上，这种心态是非常有害的。

积极调节和改变自我。一个年轻人跟禅师学习搬山术，学了许久，仍没办法把山移过来。禅师说："所谓搬山术，只有拉近你和山的距离。既然山不过来，那你就过去。"

山不过来，我就过去，改变不了别人，那就改变自己。

两个工匠去卖花盆，途中翻了车，花盆大半被打碎。悲观的花匠说："完了，坏了这么多花盆，真倒霉！"而另一个花匠却说："真幸运，还有这么多花盆没有打碎。"后一个花匠运用反向心理调节法，从不幸中挖掘出了幸运。

很多情况下，人们的痛苦与快乐，并不是由客观环境的优劣决定的，而是由自己的心态、情绪决定的。遇到同一件事，有人感到痛苦，有人却感受到快乐，情商不同的人会得出不同的结论。

俄国作家契诃夫曾写道："要是为柴在你口袋里燃烧起来了，那你应该高兴，而且感谢上苍，多亏你的口袋不是火药库。要是你的手指扎了一根刺，你也应该高兴，挺好，多亏这根刺不是扎在眼睛里。依此类推……照我的劝告去做吧，你的生活就会欢乐无穷。"

当我们遇到困难、挫折、逆境、厄运的时候，运用一下反向心理调节，就能使自己从困难中奋起，从逆境中解脱，进入洒脱通达的境界。

逆境中的情商

在逆境中，人的情绪会极端消沉，高情商者能很快走出失败的阴影，自己拯救自己。

心理学家认为，生气是一种不良情绪，是消极的心境，它会使人闷闷不乐，低沉阴郁，进而阻碍情感交流，导致内疚与沮丧。有关医学资料认为，愤怒会导致高血压、胃溃疡、失眠等，据统计，情绪低落，容易生气的人，患癌症和神经衰弱的可能性要比正常人大，同病毒一样，愤怒是人体中的一种心理病毒，会使人重病缠身，一蹶不振。可见愤怒对人的身心有百害而无一利。

学会弯曲。人生之路，尤其是通向成功的路上，几乎没有宽阔的大门，所有的门都是需要弯腰侧身才可以进去。能屈能伸是高情商者的超人之处。

面对羞辱，冷静安详。许多人因缺少自我控制，不冷静沉着，情绪因为毫无节制而躁动不安，因不加控制而浮沉波动，因为焦虑和怀疑而饱受摧残。只有冷静的人，才能够控制自己的情绪，才是一个高情商的人。谁会不爱一个安静的心灵，一个温柔敦厚，不温不火的生命？无论是狂风暴雨还是艳阳高照，无论是沧桑巨变还是命运逆转，一切都没有关系，因为这样的人永远安静、沉着、待人友善。

给心灵松绑。善用表的人不会把发条上得太紧，善驾车的人永不把车开得过快，善操琴的人永不会把琴弦绷得过紧，情商高的人总在为自己的心灵松绑。

在紧张忙碌的生活中，在人生漫长的"迁徙"旅途中，每个人都有身心疲惫的时候，每个人都需要一个憩息身心的地方。适当的时候你是否让自己的心灵稍作放松？是否拥有一个可让自己喘上一口气、稍作休整的"小岛"？

高情商者懂得放松自己，懂得调适自己的心灵，以一种愉快的心态投入到生活和工作中。

洗 涤 心 灵

从昨天的风雨里走过来，人身上难免沾染一些尘土和霉气，心头多少留下一些消极的情绪，这是不能完全抹掉的。

但如果总是背着沉重的情绪包袱，不断地焦躁、愤懑、后悔，只会白白耗费眼前的大好时光，那也就等于放弃了现在和未来。追悔过去，只能失掉现在；失掉现在，哪有未来！正如俗话所说："为误了头一班火车而懊悔不已的人，肯定还会错过下一班火车。"

要想成为一个快乐成功的人，最重要的是，学会将过去的不快通通忘记，重新开始，振作精神，不使消极的情绪成为明天的包袱。

一个发条上得干足的表不会走得很久，一辆速度经常达到极限的车经常会坏，一丝绷得过紧的琴弦往往容易断，一个心情烦躁、紧张、郁闷的人容易生病。

自 我 激 励

一个人若是没有受到激励，仅能发挥自身能力的10%—30%，若受到正确而充分的激励，就能发挥自身能力的80%—90%。最经常、最廉价、最可靠的激励来自于自我激励。自我激励是行动的催化剂和兴奋剂，掌握了自我激励，就把主动权掌握在了自己的手里。

情商理论认为：自我激励的根本源泉是自我期待，一个人只有有所期待，才会在实际中不断激励自己。而一旦这种期待消失了，自我激励也就不复存在。想得到，便做得到。一个心存梦想的人，便是一个自我期待的人。

思想作用于人的最基本原则是：你想得越多的事，对你的吸引力就越大。所以，你不妨相信这条规则：常想某件事，就会促使它实现。即使你想的是不希望这件事成为事实，你还是会朝着它走去。

改变思想就能改变生活

当情绪低沉时，情商高的人善于给自己以积极的暗示，帮助自己走出困境。如果心里都是快乐的念头，你就能快乐；如果想的都是悲伤的事情，你就会悲伤；如果想的全是失败，你就会失败；如果想到一些可怕的情况，你就会害怕；如果有不好的念头，你恐怕就会不安心了；如果你沉浸在自怜里，大家都会有意躲开你。

多数人的生活境遇，既不是一无所有，一切糟糕；也不是什么都好，事事如意，这种一般的境遇相当于"半杯咖啡"。你面对这半杯咖啡，心里产生什么念头呢？消极的自我暗示是因少了半杯而不高兴，情绪消沉；而积极的自我暗示是庆幸自己获得了半杯咖啡，那就好好享用，因而情绪振作，行动积极。

具有自信主动意识的人，会长期进行积极的自我暗示，而具有自卑被动意识的人，却总是使用消极的自我暗示。经常进行积极暗示的人，会把每一个难题看成是机会和希望；经常进行消极暗示的人，却将每一个希望和机会看成是难题。

积极的心理暗示要经常进行，长期坚持，这就意味着积极的自我暗示能自动进入潜意识，影响意识。只有潜意识改变了，才会成为习惯。

构 造 自 信

自信表现为一种自我肯定、自我鼓励、自我强化、坚信自己能成功的情绪素养。没有自信心，就没有生活的热情和趣味，也就没有探索拼搏的勇气和力量。

自信就是相信自己，人如果自己不相信自己，别人就更不可能相信你。成功学告诉人们，成功是有公式的：成功＝想法＋信心。

驾驭自己的负面情绪

驾驭自己的负面情绪，努力发掘、利用每一种情绪的积极因素，是一个高情商者所需的基本素质，也是一个人成功的基本条件。

其实，一些小事根本就不值得一提，别人根本没有在意或早已忘却，只有你还记在心里耿耿于怀，这就是人们无法战胜自己的体现。人们总是努力地想去扮演一个完美者的形象，然而这几乎太苛刻了，只会加重你情绪的负面影响，给自己的心理造成障碍。

生活中，同样有不少人把不经意的小事装在心里，寝食难安，成为影响自己的负面情绪。

生活中小小的失误不妨由它去吧，丢掉你心中的负面情绪，学会轻松地生活，一切都将美好起来。

发泄一下也未尝不可

一天深夜，一个陌生女人打电话来说："我恨透了我的丈夫。"

"你打错电话了。"对方告诉她。

她好像没有听见，滔滔不绝地说下去："我一天到晚照顾小孩，他还以为我在享福。有时候我想独自出去散散心，他都不肯；自己却天天晚上出去，说是有应酬，谁会相信！"

"对不起。"对方打断她的话，"我不认识你。"

"你当然不认识我。"她说，"我也不认识你，现在我说了出来，舒服多了，谢谢你。"她挂断了电话。

生活中，大概谁都会产生这样或那样的不良情绪。每一个人都难免受到各种不良情绪的刺激和伤害。但是，善于控制和调节情绪的人，能够在不良情绪产生时及时消释它，克服它，从而最大限度地减轻不良情绪的影响。

情绪的丰富性是人生的重要内容。生活如果缺少丰富而生动的情绪，将会变得呆板而没有生气。如果大家都"喜怒不形于色"，没有好恶，没有喜怒哀乐，那么，人就会变成只会说话和动作的机器人了。

那些表面上看起来似乎能控制住自己情绪的人，实际上是将情绪转到了内心。任何不良情绪一经产生，就一定会寻找发泄的渠道。当它受到外部压制，不能自由地宣泄时，就会在体内发泄，危害自己的心理和精神，造成的危害会更大，因此，偶尔发泄一下也未尝不可。

与快乐的人相处

如果快乐的你碰到一个不快乐的人，过不了多久，那个人的心情会好转，你的心情则会变糟，你或许不会马上受到影响，但是几小时或是几天之后，你的心情就会逐渐变糟。

所以，要想提高自己的情商，请接受这个建议：不要让不快乐的人感染你快乐的心情。

悲观者面对半杯水说："我就剩下半杯水了。"乐观者说："我还有半杯水呢！"因此，对高情商的乐观者来说，外在世界总是充满光明和希望。

特 别 声 明

我们与收入本书的作品（包括照片、画作）的作者进行了广泛联系，得到了他们的大力支持。对此，我们表示感谢。但仍有部分作者，未能联系上。烦请作者与我们联系。